INTRODUCTION

Depuis une dizaine d'années maintenant, les publications sur la production de textes à l'école élémentaire se multiplient et traduisent la convergence de 3 courants : travaux issus de la recherche sur le fonctionnement des textes d'une part, travaux issus de la psychologie cognitive d'autre part, travaux portant sur la didactique de la discipline elle-même enfin.

L'ensemble de ces publications dont ont pu s'emparer les acteurs de terrain (formateurs, IEN, enseignants) a apporté un renouveau incontestable dans la réflexion et la pratique des maîtres dans le domaine de l'expression écrite. Il faut bien reconnaître qu'il y avait urgence et que l'enjeu est de taille : nous vivons dans un monde où l'écrit est multiforme, omniprésent et où celui qui n'aura pas les clefs nécessaires pour maîtriser cet écrit / ces écrits risque bien de venir grossir les rangs des exclus... Par ailleurs, la production écrite sert plus largement la maîtrise de la langue. En effet, production écrite et lecture se structurent mutuellement : si l'on doit avoir une image mentale préalable du texte à produire, l'activité de production, en retour, aidera les lectures ultérieures car elle permettra de comprendre le fonctionnement interne du texte et donc d'atteindre à la maîtrise de la langue tant en production qu'en compréhension.

Comment donc situer le présent ouvrage dans le réseau des productions consacrées à l'écrit à l'école élémentaire ?

Il est né tout d'abord d'un constat. Si les programmes de 1995 mettent l'accent sur une triple nécessité concernant l'enseignement du français :

- interpénétration de l'enseignement de l'oral et de l'écrit dès le cycle (C2)
- accent mis sur la lecture notamment au cycle (C3) (traitée en 30 mots dans le programme de 85, elle s'en voit attribuer 309 dans les nouveaux programmes)
- production écrite affichée comme objectif fondamental de l'école -

et présentent bien les notions tant lexicales que grammaticales comme des outils au service de la lecture et de la production écrite, ils ne donnent pas d'indications sur le "comment procéder ?". Et c'est bien cette liaison entre les différents champs de l'enseignement du français qui pose problème dans les classes. Le découpage du programme en tranches (grammaire, conjugaison, orthographe, vocabulaire...) ne laisse pas suffisamment de place aux activités de lecture et surtout d'écriture auxquelles on consacre encore trop souvent une séquence hebdomadaire dans le meilleur des cas. Cette atomisation excessive des savoirs est préjudiciable aux apprentissages car elle laisse le soin à l'élève d'effectuer seul la nécessaire synthèse. Le pari est audacieux et risqué, les enseignants le savent, qui déplorent le non transfert des connaissances d'un domaine à l'autre.

Il est né ensuite d'une volonté : mettre à profit les animations pédagogiques pour élaborer, à partir d'une réflexion théorique, un outil commun qui pourrait servir de point d'appui au travail dans les classes. D'où cet essai de mise en oeuvre de modules d'apprentissage à l'écriture des textes.

Comment fonctionne l'ouvrage ?

Il est découpé en six chapitres reprenant six types de textes particuliers (chapitres II à VII) : argumentatif, descriptif, explicatif, injonctif, narratif, rhétorique. Chaque chapitre correspond à un (des) projet(s) d'écriture précis, constituant des modules d'apprentissage à l'écriture.

Centré sur un type de texte particulier, le projet d'écriture est présenté in extenso, de sa définition à son évaluation et inclut les séquences dites décrochées de grammaire / conjugaison.

L'outil est construit de la manière suivante :

- Une ouverture théorique -courte- permet de faire le point sur les présupposés qui ont présidé à sa conception (chapitre I).
- Une page de présentation pour chaque type de texte travaillé recense :
    * Les écrits se rapportant au type de texte considéré dans le champ social,
    * Les projets d'écriture possibles permettant de travailler ce type de texte en classe,
    * Les activités de lecture à mener en parallèle avec l'écriture,
    * Les apprentissages à faire construire, au plan de la langue. Il va de soi que toutes les pistes n'ont pas été travaillées systématiquement. Les choix opérés reposent sur l'analyse des besoins des élèves. L'ensemble se veut une aide à la réflexion...
    * Les pistes de travail concernant la mise en page.
- Chaque type de texte peut faire l'objet d'un ou de plusieurs modules, correspondant à autant de projets, conduits dans les classes par les enseignants.

L'ensemble a été réécrit de manière à unifier la présentation et faciliter l'utilisation de l'outil. Dans l'idéal, chaque type de texte pourrait faire l'objet d'un traitement annuel via un projet spécifique. La variation serait introduite d'une année sur l'autre, en s'intéressant à un autre genre d'écrit relevant du même type textuel, ce qui éviterait de cantonner les élèves dans des activités répétitives. Un tableau en fin d'ouvrage fait des propositions en ce sens.

Réalisé par les enseignants de la circonscription de Troyes
et coordonné par l'équipe de circonscription, puisse cet ouvrage contribuer de manière opératoire à aider les maîtres dans leur classe !

Marie-Hélène LELOUP
IEN
Circonscription de TROYES

Chapitre I

LES CHOIX THÉORIQUES

S'accorder sur la terminologie employée... Écrit, discours et texte

B. Combettes in "Textes, discours, cohérence" (Repères n°71 . PARIS INRP 1987) souligne que ces mots, très polysémiques, désignent des points de vue différents sur ce que l'on appelle couramment un écrit.

- l'écrit est un objet langagier, considéré en tant que produit social. Ainsi, un article de journal, une lettre, un roman, une recette, une affiche sont des écrits.

- le discours renvoie à l'enjeu de l'écrit qui sera différent selon l'intention de l'auteur. Ce peut être pour distraire le lecteur en racontant (discours narratif), pour faire agir (discours prescriptif)...

- le texte concerne le mode d'organisation spécifique de l'écrit considéré.

Ainsi le texte narratif est construit sur le développement et la résolution d'un conflit de forces, le texte rhétorique est fondé sur le jeu verbal...

La typologie des textes

C'est le choix d'une entrée par la typologie des textes qui a été fait ici. Soulignons-en d'emblée les limites. Un écrit renvoie rarement à un type textuel "pur" et il ne s'agit pas d'enfermer les élèves dans un cadre rigide mais bien plutôt de les doter d'un outil efficace pour produire des textes, les analyser, les réécrire.

On peut distinguer 3 grandes typologies et, selon le point de vue adopté, le classement sera différent.

- Le premier courant, issu des fonctions du langage et du schéma de Jakobson, distingue :

  * les textes référentiels (tous les textes objectivants) : plaque commémorative, extrait d'une carte, petite annonce...

  * les textes expressifs (tous les textes qui manifestent un point de vue) : billet d'humeur, journal intime...

  * les textes conatifs (tous les textes qui agissent sur autrui) : lettre publicitaire, tract, mode d'emploi ...

  * les textes phatiques (tous les textes qui facilitent le contact) : lettre à en-tête, formule de politesse...

* les textes métalinguistiques (tous les textes qui réfléchissent sur la langue ou les textes) : article de dictionnaire...

* les textes poétiques (tous les textes où la langue est prise comme objet) : slogan, poème...

- Le deuxième courant, représenté par Bronckart, distingue :

* le discours en situation,

* le discours théorique,

* la narration.

- Le troisième courant, représenté par Wehrlich, a été repris par J.M Adam.

La typologie d'Adam est une référence privilégiée car elle présente une triple qualité : les classes ne sont pas trop nombreuses, le degré de généralisation est assez élevé, l'articulation entre organisation du texte et marques de surface est présente. Adam distingue 8 grands types de textes dont 6 ont été travaillés dans les classes :

* type narratif (énoncés d'actions inscrits dans un déroulement temporel et causal) : reportage, roman, conte, BD...

* type descriptif (énoncés d'état) : inventaire, guide touristique...

* type explicatif (faire comprendre quelque chose à quelqu'un) : discours scientifique...

* type injonctif (faire faire quelque chose à quelqu'un) : recette, mode d'emploi...

* type argumentatif (convaincre quelqu'un de quelque chose) : tract, publicité...

* type rhétorique : poème, chanson, slogan...

* type prédictif : bulletin météo, horoscope.

* type conversationnel : questionner, remercier, s'excuser, promettre...

Ces deux derniers types de textes n'ont pas été retenus par les collègues et ne font donc l'objet d'aucun chapitre dans l'ouvrage.

Encore une fois, il n'existe pas ou peu de discours réels qui n'actualisent en même temps plusieurs types textuels.

Il s'agira surtout de repérer la dominante pour ne pas réduire la complexité inhérente à tout discours.

Puisque ces types de textes sont travaillés à l'intérieur de projets, ils concerneront aussi bien le CII que le CIII. En fonction de l'âge des élèves et de leurs savoirs antérieurs, on fera varier le seuil d'exigence, le degré de difficulté des supports, les apports linguistiques...

Le projet d'écriture

C'est le choix de la présentation de projets d'écriture qui a été fait ici. Si l'on admet qu'écrire c'est communiquer, l'inscription du texte à produire dans une situation de communication réelle va amener l'enfant à questionner ce réel, à prendre en compte des éléments aussi déterminants que son propre statut, celui de celui à qui il s'adresse, le but du texte... L'enjeu est bien, en déscolarisant l'écrit, de redonner du sens aux apprentissages, de les motiver.

Par ailleurs, le projet de classe, à l'origine du projet d'écriture, pourra susciter des écritures plurielles, l'objectif n'étant pas d'aboutir à un modèle standard -qui n'existe pas dans le corps social- mais de permettre les gammes, les variations en fonction des possibilités des élèves, de leurs choix.

Ainsi le travail qui clôt ce chapitre sur "le type textuel argumentatif" démontre-t-il qu'un même projet peut aboutir à la rédaction d'écrits aussi divers que des lettres, des affiches, des publicités. Le projet ici n'est pas détaillé in extenso, le but étant de favoriser l'entrée dans la démarche, de montrer les possibles.

Mais y compris à l'intérieur de projets plus cadrés, l'espace existe : jeux sur la mise en page, la manière de s'adresser au lecteur, la présence ou non de schémas...

La confrontation avec les écrits sociaux doit favoriser ces possibles. Un projet de classe, des projets d'écriture ?

L'interaction lecture - écriture

Elle est fondamentale et au coeur même de la démarche. Ecrire un texte suppose que l'on ait une représentation préalable du produit fini, non seulement en ce qui concerne le type de texte considéré, mais plus généralement l'ensemble des types de textes. C'est en effet par comparaison et non isolément que l'on apprend à connaître les objets, à les identifier. En retour, la production sera une aide efficace à la lecture car l'élève producteur va réinvestir dans l'objet à lire les savoirs mobilisés, construits dans la phase de rédaction.

Écrire : quelle démarche ? pourquoi ?

La démarche proposée

- Planifier l'écrit ou définir les paramètres de la situation de production :
    * qui écrit ? à qui ?
    * pourquoi écrit-on ? en vue de quel effet ?
    * quel type de discours convient le mieux ?
    * quel support ?
    * de quoi veut-on parler ?
    * que veut-on (faut-il) en dire ?
    * quelle organisation d'ensemble ?
    * que mettre en évidence ?
- Ecrire (premier jet) ou organiser le texte, assurer la progression de l'information, rédiger des phrases.
- Réviser ou relire et réécrire les premiers jets à l'examen des critères définis lors de la discussion préalable.
- Confronter les écrits avec des écrits sociaux pour affiner les critères de l'écrit à produire.
- Construire des apprentissages à partir de séquences décrochées de grammaire, conjugaison, orthographe en fonction des dysfonctionnements constatés.
- Réécrire ou réaliser :
    * l'adéquation au projet d'écriture,
    * la pertinence des moyens linguistiques,
    * l'acceptabilité grammaticale.

Les points d'appui théoriques

M. Mas in "Savoir écrire : c'est tout un système !" (Repères nouvelle série n° 4 PARIS INRP 1991) associe à chacune des grandes opérations constitutives de l'acte d'écriture (la planification, la mise en texte, la révision) les problèmes d'écriture rencontrés par les élèves qui devront faire l'objet d'un traitement en classe.

Planifier implique de tenir compte à la fois des contraintes de la situation et de celles liées à l'objet du discours (ce dont on parle).

Cela suppose donc de s'intéresser aux spécificités de l'énonciateur et à celles du destinataire -on ne s'adresse pas de la même façon aux élèves de la maternelle ou au maire de la commune-, mais aussi à l'enjeu du discours.

Cela conditionnera pour une part l'adoption du type de discours à produire et le choix du support mais pour une part seulement car on peut par exemple convaincre en argumentant certes, mais aussi en expliquant, en racontant...

Il s'agira ensuite de se mettre d'accord sur ce que l'on a à dire, ce qui oblige à tenir compte du contexte (qu'est-ce que le destinataire sait ou ignore de ce dont on l'entretient) pour sélectionner les informations pertinentes. Enfin, il conviendra de hiérarchiser l'ensemble.

Mettre en texte implique de conduire simultanément plusieurs opérations tenant à l'organisation du texte dans la page (paragraphes) et au plan structurel (mots qui organisent le texte, coordonnent), à la progression des informations et à leur cohérence, à la rédaction des phrases (correction syntaxique, grammaticale, orthographique, graphique).

Réviser implique d'évaluer l'écrit et de le mettre au point. Cette opération interviendra à différentes phases du projet d'écriture selon la démarche choisie (une ou plusieurs révisions). Elle vise l'examen et l'amélioration de l'adéquation au projet d'écriture, la pertinence des moyens linguistiques utilisés (après confrontation avec des écrits sociaux) et l'acceptabilité grammaticale (après séquences décrochées de grammaire, conjugaison, orthographe...).

On voit donc la complexité de l'acte d'écriture, complexité d'autant plus grande que le modèle n'est pas linéaire (une opération après l'autre) comme la démarche proposée pourrait le laisser supposer mais interactif. C. Garcia Debanc écrit "... si certaines opérations sont dominantes à certains moments du processus d'écriture, le scripteur efficace se caractérise par des retours permanents entre les différents niveaux. En dernière instance, c'est l'adéquation du texte aux buts poursuivis et son adaptation à l'auditoire qui déterminent toutes les autres opérations".

Chapitre II

TYPE TEXTUEL ARGUMENTATIF

ITINÉRAIRES POSSIBLES DANS UN PROJET D'ÉCRITURE

ÉVÈNEMENT LANCEUR :

Afin de financer un séjour éducatif au FUTUROSCOPE de POITIERS, les élèves de CIII, en réunion de coopérative, retiennent (entre autres) le principe de l'organisation d'un tournoi de ping-pong ouvert aux enfants et aux adultes.

Situation problème : comment faire passer l'information aux enfants, aux adultes ? (lettre - tract - affiche - message sonore - pancarte...).

Plusieurs déroulements sont possibles :

Schéma général : OPTION 1

Création "sauvage" (premier jet),
La consigne est très ouverte,
Les supports (matériels) sont au choix des élèves.

⇩

Lecture des productions,
Tri (on regroupe ce qui se ressemble ou ressemble à...
une affiche... une lettre... etc...).

⇩

Recherche de documents écrits existants de type argumentatif.

⇩

Observation des documents,
Analyse,
Mise en évidence des critères.

⇩ ⇩ ⇩ ⇩

Plusieurs séquences consacrées à l'élaboration
de fiches d'aides (grilles) à la production.

⇩

Nouvelle situation de création en prenant en compte le travail d'analyse.

Schéma général : OPTION 2

Liste des possibilités proposées par les élèves. Mise en commun collective. Enrichissement.

A	B
	(voir programmation jointe ci-après)
Recherche par les élèves et le maître de documents en fonction du listing.	Après avoir fait le listing les élèves choisissent un type ⇨ Création n° 1.
⇩	⇩
Observation des documents, Analyse, Mise en évidence des critères.	Lecture des productions.
⇩ ⇩ ⇩ ⇩	⇩
Plusieurs séquences consacrées aux grilles (synthèse) et fiches d'aides à la production.	Recherche de documents existants.
⇩	⇩
Situation de création (1) qui pourra être reprise et améliorée en fonction de ce qui précède.	Observation des documents, Analyse, Mise en évidence des critères.
	⇩
	Plusieurs séquences consacrées aux grilles (synthèse) et fiches d'aides à la production.
	⇩
	Nouvelle création.

PROGRAMMATION :

Détail de l'option 2 B

Travail prévu : environ sur 1 mois, à raison de 2 séances par semaine (environ 8 séances).

SEANCE 1

Objectif général :

Dresser une liste (un "listing") des supports possibles, pouvant répondre à notre situation-problème.

Matériel	Compétences visées	Formes de groupements + déroulement
Aucun	- Domaine de l'ORAL ⇨ comprendre la consigne ⇨ connaître les différents supports possibles et leurs fonctions ⇨ savoir s'exprimer, exprimer son idée à l'aide d'un vocabulaire varié et adapté... ⇨ savoir communiquer, écouter...	1. Collectif : consigne : ⇨ " Recherchez tous les moyens possibles, pour informer et attirer à notre tournoi, le public le plus large et le plus nombreux... " 2. Recherche par groupes 3. Mise en commun } }collectif Synthèse au tableau }

SEANCE 2

Objectif général :

Produire un écrit, choisi parmi la liste des différents supports possibles (liste établie lors de la séance 1).

Matériel	Compétences visées	Formes de groupements + déroulement
- feuilles de différents formats 1/4 de A4, 1/2 de A4, A4, A3. - papier affiches - magnétophone + micro	⇨ se représenter : - le contexte de production - le produit fini SAVOIR ⇨ organiser logiquement la structure spatiale de la production (forme) ⇨ adapter support et projet (format, typographie)	par groupe } ou } écriture du premier jet individuel }

Finalité :

A l'issue de cette phase de production, présentation-lecture des productions des différents groupes.

Prolongement :

En vue de la séance 3, la demande est faite aux enfants de faire une recherche-collecte de supports (écrits sociaux) en référence au listing établi lors de la séance 1.

SEANCE 3

Objectif général :

Observation des documents (supports) apportés par les élèves et par le maître.
Analyse et mise en évidence des critères afin d'améliorer les premiers jets...

Matériel	Compétences visées	Formes de groupements + déroulement
Documents apportés par les élèves et le maître - tracts - affiches - bandes-son - lettres - pancartes	➪ lecture à voix haute : savoir présenter ses documents ➪ lecture compréhension : utilisation des fiches d'aide ➪ ORAL : savoir exprimer ses idées, se justifier ➪ savoir analyser, synthétiser, organiser l'information ➪ savoir repérer et trier l'information utile	- en groupes : oral présentation et observation des documents effectuer un tri - classement des choix écrit - construire la "carte d'identité" des différents documents-supports à partir de questionnaires - aides différenciés (autant de questionnaires "différents" que de supports) - synthèse collective : chaque groupe présente le résultat de ses travaux

SEANCES 4, 5, 6

Objectif général :

Mise au point de fiches d'aide à la production.

	Matériel	Compétences	Déroulement
Séance 4 : les lettres	- Documents - Productions premières - Questionnaires	⇨ idem séance 3 + Savoir utiliser et réinvestir des outils communs construits en classe	- zoom sur les questionnaires et mise en page d'une fiche d'aide à la production - "confrontation" production et fiche d'aide - deuxième écriture : à partir des premiers jets et des fiches d'aide, élaborer une production "améliorée"
Séance 5 : affiches et tracts	idem	idem	
Séance 6 : publicités écrits " sonores "	idem	idem	

Remarque :

Des séquences décrochées seront intégrées aux moments opportuns en fonction des besoins (voir schéma général).

TYPE TEXTUEL ARGUMENTATIF

TEXTES POUR CONVAINCRE, PERSUADER

QUELS ÉCRITS DANS LE CORPS SOCIAL

- lettres de demande,
- affiches pour inviter,
- publicités pour promouvoir,
- discours politiques.

PROJETS D'ÉCRITURE DANS LA CLASSE

- lettres dans le cadre des projets de classe pour solliciter telle ou telle chose,
- affiches pour inviter à venir à une exposition,
  pour convaincre de respecter l'environnement,
  pour informer de la mise en vente du journal,
- cartes d'invitation adressées aux parents d'élèves, à l'école voisine... pour convier à participer à une manifestation,
- dépliant publicitaire visant à faire la promotion d'objets fabriqués à l'école et mis en vente pour Noël par exemple.

LIRE

- lecture d'écrits sociaux visant à faire dégager les critères de fonctionnement de ces écrits du point de vue de leur organisation interne et de leur présentation,
- tris de textes explicatifs et argumentatifs, très difficiles à discerner chez les élèves (neutralité de l'explication / implication dans l'argumentation).

CONSTRUIRE DES APPRENTISSAGES

- repérage de la présence de l'émetteur dans le texte (je / nous),
- utilisation du présent,
- mise en évidence des connecteurs propres à l'argumentation,
- mise en évidence des groupes compléments (opposition, conséquence, but, cause...).

METTRE EN PAGE

- schéma type de la lettre de demande,
- mise en page propre à l'affiche :
  * caractères,
  * couleurs,
  * rôle des illustrations,
- charpente du texte argumentatif, marquée par le découpage en différents paragraphes,
- titres.

TYPE TEXTUEL ARGUMENTATIF

PROJET D'ÉCRITURE :

Réalisation d'affiches d'incitation à visiter une exposition de peinture,
à participer à la fête de l'école.

Planification de l'écrit et réalisation des premiers jets : SÉQUENCE 1

Compétences visées :

définir les enjeux du projet d'écriture,

adapter sa production aux exigences du projet.

Matériel :

feuilles de différentes tailles et de différentes couleurs, crayons, stylos, feutres fins, gros feutres, peintures...

Démarche :

Discussion collective :

Le problème est le suivant : comment faire venir le plus de personnes possible à la manifestation organisée par l'école ? Comment faire connaître cette manifestation ? L'affiche paraît un bon moyen car elle touche largement la population.

Il s'agit de se mettre d'accord, préalablement, sur les informations qui devront y figurer : objet de la manifestation, date, horaires, lieu, organisateurs.

Ces différents points seront notés au tableau.

Réalisation du premier jet :

La consigne est de réaliser une affiche informative, publicitaire invitant / incitant à participer à la manifestation organisée par l'école.

Examen des premiers jets : SÉQUENCE 2

Compétences visées :

faire montre d'une lecture critique,

comparer les productions à la liste des premiers critères.

Matériel :

premiers jets,

papier affiche.

Démarche :

Prise de connaissance des oeuvres par tous les élèves :

Critiques positive et négative, soit individuellement, soit par petits groupes ou en grand groupe.

Mise en commun :

Elle a lieu soit en petits groupes puis en séance plénière, soit directement en séance plénière selon l'organisation adoptée précédemment.

Synthèse :

Ecriture au tableau ou sur papier collectif des critiques qui serviront à l'élaboration d'un certain nombre de critères de réussite et permettront de dresser la liste des difficultés de langue : grammaire, vocabulaire, conjugaison, orthographe.

Observation d'écrits sociaux : SÉQUENCE 3

Compétence visée :

dégager les caractéristiques spécifiques du genre d'écrit "affiches".

Matériel :

différentes affiches (documents 1, 2, 3).

Démarche :

Observation collective :

De quel genre de documents s'agit-il ?

Sont-ils tous semblables ?

Quelles différences ?

Quels points communs ?

Quelles sont les parties que l'on peut voir de loin ? Pourquoi ?

Quels renseignements donnent-elles ?

Relevez les slogans publicitaires.

Quel est le type de phrases utilisées ?

Mise au clair :

Ressortir les caractéristiques de l'affiche : elle informe, incite à faire quelque chose.

Elle doit se voir de loin, attirer le regard par des couleurs vives.

Le texte donne les informations essentielles : de quel spectacle s'agit-il, qui l'organise, où et quand.

Les différents points pourront être recensés sur une grille d'aide à l'écriture (document 4).

Séquence décrochée de conjugaison : l'impératif : SÉQUENCE 4

Compétence visée :

maîtriser la loi de formation de l'impératif.

Matériel :

tableau,

fiches polycopiées pour recherches en groupes (document 5),

cahier.

Démarche :

Travail collectif oral :

Un texte est écrit au tableau, à partir duquel les élèves sont invités à produire des phrases impératives.

Texte : la maman du Petit Chaperon rouge demande à sa fille d'aller rendre visite à sa grand-mère malade, de prendre une galette et un petit pot de beurre, de les mettre dans un panier, de ne pas traîner en chemin, de ne pas s'amuser à cueillir des fleurs, de suivre le chemin le plus court et de prendre garde au loup...

Elle lui dit...

Des situations sont proposées amenant les élèves à utiliser l'impératif.

La forme est celle de la systématisation orale.

Maman ordonne à Clémence d'aller à l'école ⇨ Va à l'école !

Elle lui ordonne aussi...

Travail au tableau :

Quelques phrases travaillées à l'oral sont reprises au tableau.

Les élèves cherchent le verbe / remarquent l'absence du sujet / précisent ce que ces verbes expriment : ordre, souhait, demande ;

⇨ ces verbes sont à l'impératif.

Les élèves cherchent la correspondance avec les personnes de la conjugaison (tu, nous, vous).

Etablir en parallèle la conjugaison à l'impératif et aux mêmes personnes de l'indicatif présent des verbes : être, aller, avoir, préparer, finir.

Remarques :

conjugaison particulière pour être / avoir / identité avec le présent à l'oral pour les autres verbes,

absence du "s" à la seconde personne.

Recherches en groupes (document 5) :

trier des verbes au présent et à l'impératif,

transformer à la forme négative des phrases impératives affirmatives,

passer d'un mode à l'autre :

⇨ infinitif / impératif

⇨ indicatif / impératif ...

Présentation des travaux des groupes et affichage de l'ensemble des slogans trouvés.

Exercices écrits individuels (sur manuel de la classe).

Réalisation du deuxième jet : SÉQUENCE 5

Compétence visée :

améliorer l'écrit produit en tenant compte des savoirs acquis précédemment.

Matériel :

premiers jets,
tableau des premières remarques,
grille d'aide à l'écriture (document 4),
outils de conjugaison.

Démarche :

Ecriture individuelle.

Auto-évaluation grâce à la fiche.

Evaluation du maître.

document 1

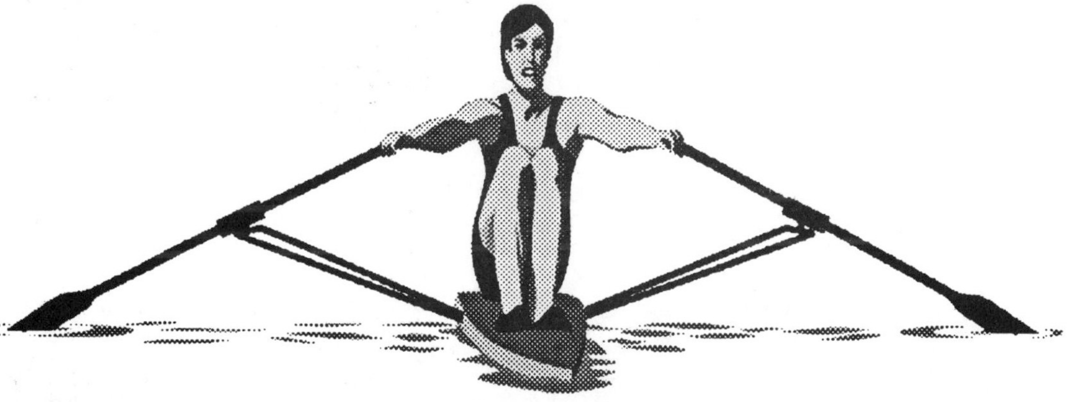

TÊTE DE RIVIÈRE INTERNATIONALE à L'AVIRON

ORGANISÉ PAR

SOCIÉTÉ

NAUTIQUE

TROYENNE

TROYES - SAINT JULIEN LES VILLAS

24 MARS 1996

à partir de 10 heures

Canal de Restitution - Saint Julien Les Villas

Route de Verrières

document 2

Ecla Théâtre

direction artistique
christian grau-stef

matinées à **9h45** ou **14h15**
soirées à 20h30 le lundi

40 27 82 05
42 72 59 47

95 - 96

avec le soutien du
rectorat de paris

OCTOBRE
NOVEMBRE
DÉCEMBRE

le médecin malgré lui
avec divertissements

OCTOBRE
NOVEMBRE
DÉCEMBRE

le petit prince
spectacle en 6 tableaux

DÉCEMBRE
JANVIER
FÉVRIER

le bourgeois gentilhomme
20 comédiens - 60 costumes
création 95

DÉCEMBRE
JANVIER
FÉVRIER

avec la participation
du musée grevin

poil de carotte
comédie en un acte

MARS
AVRIL

l'avare
création 94

MARS
AVRIL
MAI

la farce du maître pathelin
création 96

AVRIL
MAI
JUIN

les fourberies de scapin
création 96

THÉÂTRE DE LA PORTE ST MARTIN · THÉÂTRE DU GYMNASE
mise en scène - patrick bricard - daniel leduc - sylvain lemarle - belkacem tatem
chaque représentation est suivie d'une animation ou d'un débat avec les comédiens
prix des places : 140 f, étudiants et CV 90 f, groupes de 48 f à 58 f et abonnements

document 3

Attachez vos Peintures !

Une Visite Animée au Musée d'Art moderne de Troyes

dessin animé et exposition

MUSÉE D'ART MODERNE - TROYES - 22 JANVIER - 14 MARS

tous les jours, sauf le mardi et jours fériés de 11h à 18h

document 4

AFFICHE D'INVITATION

ÉVALUATION ... JET

Nom

Prénom

Par l'élève ☐

Par le maître ☐

RENSEIGNEMENTS INDISPENSABLES	OUI	NON
J'ai bien réalisé une affiche.		
J'ai bien invité les autres classes à venir assister à une exposition de peinture.		
J'ai bien écrit la date,		
l'heure,		
le lieu.		
J'ai bien précisé le nom de l'organisateur.		
PRÉSENTATION		
J'ai occupé toute la feuille		
J'ai utilisé deux ou trois types de caractères différents (pas plus).		
J'ai écrit en gros le plus important.		
J'ai utilisé une, deux ou trois couleurs (pas plus).		
J'ai écrit lisiblement,		
sans fautes.		
Je n'ai pas fait de ratures ni de taches.		
J'ai coupé, en bout de ligne, les expressions au bon endroit.		
FACULTATIF		
J'ai encadré ou souligné certains passages.		
J'ai illustré (dessins, collages...).		

Groupe 1 :

Triez les verbes suivants selon qu'ils sont au présent ou à l'impératif (vous pouvez faire un tableau ou souligner de 2 couleurs différentes).

"C'était sur le soir, en été, le grondement du torrent semblait s'être assourdi, quand j'entendis le bruit de pas d'un homme ! De plus en plus proche, de plus en plus proche. Pont, raidis-toi, prépare-toi, passerelle, à porter le voyageur que l'on te confie. Si sa démarche est incertaine, assure discrètement son équilibre, mais s'il chancelle, montre de quoi tu es capable et, comme le ferait un dieu de la montagne, rejette-le du côté où il veut aller sur la terre ferme.

Franz Kafka
Le pont, "Enfantimages", Gallimard
(in "Le Français au CM1" Hachette)

Groupe 2 :

Transformez à la forme négative.

- Joue encore du piano !
- Baignez-vous lorsque le drapeau est rouge !
- Oublie toujours d'inviter tes amis à ton anniversaire !
- Allons au cinéma !
- Arrêtons-nous ici pour déjeuner !
- Ouvrez cette porte !
- Pose des questions !
- Rejoignons les autres !
- Faites attention à lui !
- Parle à quelqu'un !
- Mange quelque chose !

Groupe 3 :

Transformez au mode impératif (deuxièmes personnes du singulier et du pluriel).

Pour faire de bonnes photographies, lire ce qui suit et suivre les indications.

Retirer le cache de l'objectif.

Mettre l'interrupteur d'alimentation sur "on".

S'assurer que l'objectif avance.

Composer le sujet.

Appuyer sur le déclencheur en demi pression pour faire la mise au point.

Retenir sa respiration.

Presser complètement sur le déclencheur.

in "Grammaire, du texte au mot" CM
(Bordas)

Groupe 4 :

(même consigne que Groupe 3)

Gâteau au yaourt

Tu verses un pot de yaourt dans le saladier. Tu ajoutes 2 pots de sucre en poudre. Tu mélanges. Tu incorpores 3 pots de farine. Tu casses 2 oeufs. Tu tournes pour obtenir une pâte homogène. Tu verses un demi-pot d'huile et tu ajoutes enfin un sachet de levure. Quand la pâte est lisse, tu remplis un plat et tu le mets à four chaud environ 30 minutes.

Pour tous les groupes :

Inventez un slogan pour attirer le public à notre manifestation, employez l'impératif.

PROJET D'ÉCRITURE :

La lettre de demande.

Présentation du projet et écriture du premier jet : SÉQUENCE 1

Compétences visées :

définir ce qu'on doit savoir faire ou apprendre à faire pour envoyer une lettre,
écrire un premier jet de cette lettre de demande.

Matériel :

brouillon,
grande feuille (écrit témoin).

Démarche :

Exposer le projet de la visite d'une entreprise (oral - collectif) :
Volonté de visiter l'entreprise : pourquoi ?
Les élèves essaient de trouver les raisons :
- pour voir comment les ouvriers travaillent,
- pour savoir combien ils sont,
comment on fabrique les produits.

But : Il s'agit de découvrir comment fonctionne une entreprise :
- au niveau des locaux,
du personnel,
de la production.

Que devons-nous savoir pour pouvoir écrire une lettre de demande ? (oral - collectif)
Le maître note ou reformule les savoirs dictés par les élèves.
exemples : dire qui on est,
à qui l'on écrit,
pourquoi,
savoir être poli,
connaître l'adresse etc...

Définir collectivement :

- à qui on écrit ? au directeur de l'entreprise.
- pourquoi ? pour demander l'autorisation d'une visite.
- de quoi va-t-on parler ? du projet d'étudier l'entreprise.

Ecriture individuelle d'une lettre :

Consigne : "écrivez la lettre de demande d'une visite à l'entreprise."

Examens des premiers jets et confrontation avec les écrits sociaux : SÉQUENCE 2

Compétences visées :

à partir de la lecture des premiers jets, élaborer une liste de critères caractéristiques de la lettre de demande,

confronter avec des écrits sociaux de référence pour enrichir les premiers critères.

Matériel :

premiers jets feuilles A3,

tableau (ce qui va, ce qui ne va pas, ce qui pose question),

lettres variées,

lettre agrandie pour tableau.

Démarche :

Etude des premiers jets :

Activités	**Forme de travail**	**Maître**
* lecture des lettres (x 4)	individuelle	conseil aide
* élaboration d'un tableau	groupes de 4	

ce qu'on retrouve, dans la plupart des lettres et qui semble correct	ce qui ne va pas	questions

1 secrétaire par groupe,

1 rapporteur.

Consigne : "Vous allez chacun lire les 4 lettres de votre groupe et, ensemble, vous remplirez le tableau.

D'un côté vous mettrez "ce que l'on retrouve et qui va," et de l'autre "ce qui ne va pas."

Mise en commun : collectif oral (1 élève secrétaire général).

Chaque groupe prend la parole (rapporteur), chaque réponse doit être validée par la classe.

Quand la réponse n'est pas validée, placer dans la case "?" du tableau.

Découverte d'un écrit social de référence : individuel écrit, puis oral.

Il s'agit de dégager tous les critères qui constituent la lettre de demande à l'aide d'un questionnaire :

* Qui a écrit ?

* A qui ?

* De quel endroit la lettre a été expédiée ? Quand ?

* Où la lettre a-t-elle été expédiée ?

* Comment s'adresse-t-on au destinataire ?

* Quelle est la demande ?

* Quels sont les arguments ?

* Comment prend-on congé dans la lettre ?

Le travail est individuel. On choisira plusieurs types de lettres.

La correction est collective et orale

Mise en évidence de la structure :

Consigne :

"Entourer les différentes parties de la lettre"

Mise en commun :

Envoyer certains enfants entourer ces parties sur une lettre agrandie.

Validation, formulation des savoirs (oral, collectif) :

élaboration d'une silhouette type :

Expéditeurs	Lieu, date
Nom	
Adresse	Destinataire
Interpellation	
Corps de la lettre . Présentation . Demande . Arguments	
. Congés - Formule de politesse	
Signature	

élaboration d'une grille (document 1).

Séquence décrochée de lecture : SÉQUENCE 3

Compétence visée :

reconstituer la lettre de demande.

Matériel :

une lettre dont les blocs ont été mélangés (document 2),

une feuille 21 x 29,7.

Démarche :

Chaque élève reçoit une photocopie du document et une feuille 21 x 29,7.

La consigne est de reconstituer la lettre.

Le travail est individuel.

Réécriture du premier jet : SÉQUENCE 4

Compétence visée :

réécrire la lettre en se référant à une grille de relecture et aux premières remarques des camarades.

Matériel :

premiers jets,

tableau des points positifs et négatifs (document élaboré lors de la séquence 2),

grille des critères (document 1 élaboré lors de la séquence 2).

Démarche :

Chaque élève reçoit son premier jet, le tableau des remarques formulées par la classe est affiché, chaque élève dispose par ailleurs de la grille de critères élaborée lors de l'observation des écrits sociaux. Cette seconde rédaction doit permettre d'obtenir des écrits satisfaisants quant à la mise en page et à la présence des différents blocs de texte. La rédaction de la demande même risque d'être encore problématique. Si l'écriture est individuelle, la relecture pourra s'effectuer en petits groupes.

Séquence décrochée de travail sur l'expression de la demande : SÉQUENCE 5

Compétences visées :

maîtriser l'argumentation,

maîtriser la valeur du conditionnel comme expression du souhait,

maîtriser les formules de politesse.

Matériel :

les écrits des élèves (deuxièmes jets).

Démarche :

Observation de la demande :

Certains élèves sont invités à lire leur formulation (repérage effectué par le maître).

On relève celles qui sont correctes et celles qui ne le sont pas.

(oral / collectif)

Rappel oral de la requête adressée à l'entreprise :
On voudrait visiter une entreprise pour découvrir son fonctionnement (locaux, personnel, production).

Formulation écrite de la demande d'autorisation (individuel / écrit).

Mise en commun :

Le maître écrit différentes demandes en faisant apparaître les divers verbes de souhait (sur affiche dans la classe) :

Nous désirerions ... afin de / pour ...

Nous souhaiterions ... afin de / pour ...

Nous aimerions ... afin de / pour ...

Nous voudrions ... afin de / pour ...

Mise en commun des formules de politesse recueillies par les enfants et sélection des plus pertinentes (sur affiche dans la classe).

Réécriture : SÉQUENCE 6

Compétences visées :

utiliser les savoirs construits pour améliorer son texte,
respecter la mise en page,
écrire lisiblement.

Matériel :

une feuille de papier à lettre,
les deuxièmes jets,
les traces écrites de la séquence 5.

Démarche :

Chaque élève est invité à réécrire son texte en veillant particulièrement à l'expression de la demande, à l'utilisation d'une formule de politesse.

Evaluation des productions par groupes de 4 et sélection de la meilleure production par le groupe.

Sélection dans la classe et envoi de la lettre.

document 1

LES DIFFÉRENTS BLOCS

	OUI	NON
Expéditeur : en haut, à gauche, son nom, son adresse, les majuscules. **Date :** en haut, à droite. **Destinataire :** son nom, sa fonction, son adresse. **Le corps de la lettre :** formule de politesse adressée au destinataire, bloc de texte avec plusieurs paragraphes, formule de politesse à la fin, signature. **Objet de la demande** : mettre la demande, dire pourquoi. **Argumentation :** mettre des arguments pour convaincre le destinataire, préciser quand on désire la réponse. **Mise en page :** large marge à gauche, majuscules, écrire droit, aller à la ligne à chaque paragraphe.		

Lettre puzzle

Général Sani Abacha
Clairman
Provisional Rubing
Council
State House
Abuja - Fédéral - Capital
Territory
NIGÉRIA

Christopher Frey

Daignez agréer, Monsieur le Président, l'expression de ma parfaite considération.

Troyes, le 18.03.96

Je voudrais bien que l'on délivre Madame Christine Anyanwu, la journaliste au Sunday Magazine, elle a été emprisonnée le 1er juin 1995.

Je m'appelle Christopher Frey et j'ai 10 ans

Ecole Charles Chevalier
Classe de CM2
16bis, Impasse Maurice
Bouchor
10 000 Troyes
FRANCE

Elle a le droit d'écrire ses opinions dans son journal.

Cet emprisonnement est contraire à l'article 19 des Droits de l'homme. Son procès non équitable, non public, est non conforme à l'article 10. J'espère qu'elle sera libérée le plus tôt possible.

Monsieur le Président,

PROJET D'ÉCRITURE :

Le débat d'opinion.

Point de départ :

il s'agit de donner un point de vue sur un sujet, d'en trouver les aspects positifs et négatifs et enfin d'exprimer un avis personnel.

Situation découverte :

à partir d'une discussion en classe :

certains préfèrent les notes, d'autres les appréciations.

"Sauvez Willy" : pour ou contre la captivité ?

Ecriture des premiers jets : SÉQUENCE 1

Compétence visée :

écrire un texte d'opinion.

Matériel :

une feuille individuelle,

une affiche par groupe.

Démarche :

oral collectif :

Les élèves débattent librement sur le sujet.

individuel écrit :

Les élèves expriment librement leur opinion sur feuille.

en groupes :

Les élèves prennent connaissance des différents écrits réalisés par la classe et opèrent une critique en complétant ce tableau :

ce qui va	ce qui ne va pas

Observation d'écrits sociaux : SÉQUENCE 2

Compétences visées :

opérer une lecture sélective,

comparer des textes,

analyser un texte argumentatif pour en dégager les critères de fonctionnement.

Matériel :

textes sur le loup (documents 1 et 2).

Démarche :

Tri de textes :

Les élèves ont des textes sur le même sujet (ex : loup) : “ Quel est le texte qui essaie de convaincre ? ”

Après une recherche individuelle, les élèves se groupent par 4 et comparent leurs réponses. Puis la synthèse est collective.

Etude d'un texte argumentatif particulier :

Travail individuel écrit (texte 2 du document 1) :

* A quelle question peut-on répondre par POUR ou CONTRE ?

* Quelle est l'opinion de l'auteur ?

* Souligne en rouge les arguments CONTRE et en vert les arguments POUR.

* Sépare le texte en quatre parties : question initiale, arguments CONTRE, arguments POUR, conclusion.

Mise en commun :

Il s'en dégage :

- dans un texte pour convaincre, on prend position dans une discussion. Cette discussion s'appelle une CONTROVERSE ;
- dans une controverse, il y a toujours une question à laquelle on peut répondre par POUR ou CONTRE ;
- pour convaincre, on présente sa propre opinion et on donne des arguments en sa faveur ;
- on peut également donner des arguments CONTRE pour mieux les combattre ;
- ces textes sont souvent écrits au présent, à la troisième personne.

Travail en groupes :

A partir des écrits réalisés par la classe, les élèves établissent un tableau pour extraire, mettre en évidence les arguments :

POUR	CONTRE	NI POUR - NI CONTRE

Mise en commun :

Elaboration d'un tableau collectif récapitulatif qui servira de support pour la réécriture.

Réécriture :

"Pour ou contre ? Donne ton opinion en utilisant des arguments convaincants."

Séquence décrochée de lecture
Étude d'un texte argumentatif : SÉQUENCE 3

Compétences visées :

identifier les connecteurs spécifiques à l'argumentation,

compléter un texte lacunaire,

remettre en ordre un texte en s'appuyant sur les articulations logiques.

Matériel :

texte sur le loup (document 1, texte 2),

texte sur le loup aménagé (documents 3.1 et 3.2).

Démarche :

Travail en groupes :

Les élèves sont répartis en 4 groupes homogènes. Le travail est d'abord individuel puis il y a confrontation à l'intérieur des groupes et mise en commun :

* groupe 1 : texte à trous avec connecteurs à insérer (connecteurs donnés).

* groupe 2 : texte à trous avec connecteurs à retrouver (connecteurs non donnés).

* groupe 3 : texte puzzle à remettre en ordre.

* groupe 4 : connecteurs à identifier dans le texte sur " les loups ".

Mise en commun :

- pour argumenter, on donne plusieurs raisons qu'on peut enchaîner avec des mots ou des expressions (en effet, ensuite, même si, par ailleurs...) ;
- on peut introduire la conclusion par des mots ou expressions comme "alors, par conséquent, c'est pourquoi, donc" ;
- pour renforcer un argument, on peut donner un exemple, en mettant "par exemple, ainsi...".

Réécriture : SÉQUENCE 4

Compétence visée :

utiliser les savoirs acquis pour améliorer son texte.

Matériel :

deuxièmes jets,

traces écrites de la séquence 3.

Démarche :

La consigne est de réécrire son texte d'opinion en organisant son récit (introduction - pour / contre - conclusion) et en utilisant des connecteurs adéquats.

Le débat d'opinion

TEXTE 1 : Loup

Mammifère carnassier, au pelage gris jaunâtre, aux oreilles droites, au museau pointu, qui vit dans les forêts d'Europe, d'Asie et d'Amérique.

Pluridictionnaire Larousse, 1986

TEXTE 2

Faut-il protéger les loups ?

Depuis des siècles, l'homme chasse le loup parce qu'il considère le loup comme un dangereux rival.

En effet, le loup chasse les mêmes animaux que l'homme et il attaque les troupeaux. Cependant, le loup tue seulement pour se nourrir. C'est pour compenser de longues périodes de jeûne qu'il peut dévorer jusqu'à 6 kilos de viande en un seul repas.

La haine des hommes envers les loups s'explique aussi par la peur et le souvenir d'événements terribles. Ainsi, pendant les guerres, les loups dévorèrent parfois des hommes affaiblis. Mais ces cas sont extrêmement rares.

Lorsqu'on s'aperçut que les loups pouvaient - en plus - transmettre la rage, on décida de les exterminer. C'est pour cette raison qu'aujourd'hui il reste seulement 500 000 loups dans le monde. Certaines espèces, comme le loup roux des États-Unis, ont été décimées. Malheureusement, le massacre des loups continue encore dans de nombreux pays, comme en U.R.S.S.

Les loups sont devenus des animaux menacés qui pourraient disparaître dans un futur proche.

En fait, les loups sont très utiles à la nature, car ils s'attaquent de préférence aux animaux faibles ou malades. En agissant ainsi, ils exécutent ce que l'on appelle une "sélection naturelle" : seuls les animaux les plus robustes survivent et se reproduisent. Comme disent les Esquimaux : "Le loup garde le caribou en bonne santé".

On a aussi constaté que, dans certaines régions où les loups avaient disparu, les cerfs devenaient trop nombreux et endommageaient la nature.

Par ailleurs, ceux qui observent le comportement du loup sont toujours impressionnés par son côté sociable et l'affection qu'il porte à ses petits.

Arrêtons le massacre des loups. Des mesures pour protéger ce sympathique animal sauvage s'imposent.

Extrait de la revue Environnement et vie.
in "Expression écrite" CM2
(Nathan)

CONVAINCRE

TEXTE 3 : Le loup malade

Il y avait une fois, au bois de Grajan, un loup qui se rendait malade à force de trop manger. Ce loup s'en alla un jour à Miradoux trouver un grand médecin.

- "Bonjour, monsieur le médecin.

- Bonjour, Loup.

- Monsieur le médecin, je suis malade. Je voudrais une consultation, en payant, comme de juste".

Le médecin fit tirer la langue au loup.

- "Loup, dit-il, tu te rends malade à force de trop manger. À partir d'aujourd'hui, il faut te taxer à sept livres de viande par jour".

Le loup remercia bien le médecin et lui donna, pour ses peines, quatre sols moins un denier. En s'en retournant au Grajan, il passa à la boutique du forgeron de Castet-Arrouy et lui commanda une balance romaine pour peser, chaque jour, les sept livres de viande, ainsi qu'il avait été taxé.

Quand la balance fut forgée, le loup alla la chercher. Chaque jour, il l'emportait à la chasse pour ne pas dépasser l'ordre du médecin. Aussi, au bout de huit jours, il redevint gaillard, bien portant ; et il ne regrettait pas les quatre sols moins un denier qu'il avait donnés au grand médecin de Miradoux.

Au bout de quelque temps arriva la Sainte-Blandine, jour de fête de Castet-Arrouy. Le loup connaissait son métier comme pas un. Il savait qu'après la messe les gens iraient s'attabler, jusqu'au moment où le sonneur de cloches sonnerait le dernier coup de vêpres. Alors, les juments poulinières et les jeunes mules qu'on élève pour vendre aux Espagnols, à Lectoure, le jour de la foire de Saint-Martin, demeureraient seules dans les prés de la rivière de l'Auroue.

Les gens de Castet-Arrouy ne s'étaient pas encore servi la soupe, que mon loup s'élance du côté de la rivière et aperçoit au beau milieu d'un pré, une jument avec sa mule. Par malheur, il avait oublié sa balance romaine.

"Bah ! dit-il, je pèserai à vue d'œil. Quatre livres la jument, et trois livres la mule".

Aussitôt, il les étrangla et les rongea jusqu'aux os.

Le soir même, le loup creva.

Bladé, Dix contes de loups, Nathan, 1979.
in "Expression écrite" CM2
(Nathan)

TEXTE 2 : Le loup

1) Faut-il protéger les loups ?

2) Depuis des siècles, l'homme chasse le loup _________ il considère le loup comme un dangereux rival.

3) _________, le loup chasse les mêmes animaux que l'homme _________ il attaque les troupeaux. _________, le loup tue seulement pour se nourrir. C'est pour compenser de longues périodes de jeûne qu'il peut dévorer jusqu'à 6 kilos de viande en un seul repas.

4) La haine des hommes envers les loups s'explique _________ par la peur et le souvenir d'événements terribles. _________, pendant les guerres, les loups dévorèrent parfois des hommes affaiblis. _________ ces cas sont extrêmement rares.

5) _________ on s'aperçut que les loups pouvaient - en plus - transmettre la rage, on décida de les exterminer. _________ qu'aujourd'hui il reste seulement 500 000 loups dans le monde. Certaines espèces, comme le loup roux des États-Unis, ont été décimées. Malheureusement, le massacre des loups continue encore dans de nombreux pays, comme en U.R.S.S.

6) Les loups sont devenus des animaux menacés qui pourraient disparaître dans un futur proche.

7) _________, les loups sont très utiles à la nature, _________ ils s'attaquent de préférence aux animaux faibles ou malades. En agissant ainsi, ils exécutent ce que l'on appelle une "sélection naturelle" : seuls les animaux les plus robustes survivent et se reproduisent. Comme disent les Esquimaux : "Le loup garde le caribou en bonne santé".

8) On a _________ constaté que, dans certaines régions où les loups avaient disparu, les cerfs devenaient trop nombreux et endommageaient la nature.

9) _________, ceux qui observent le comportement du loup sont toujours impressionnés par son côté sociable et l'affection qu'il porte à ses petits.

10) Arrêtons le massacre des loups. Des mesures pour protéger ce sympathique animal sauvage s'imposent.

CONSIGNE POUR CHAQUE GROUPE

GROUPE 1 :

Place au bon endroit les petits mots suivants : par ailleurs, parce qu(e), aussi, en effet, comme, et, car, cependant, en fait, aussi, c'est pour cette raison, ainsi, lorsqu(e), mais.

GROUPE 2 :

Essaie de retrouver les mots manquants.

GROUPE 3 :

[Le texte est présenté dans l'ordre suivant (seul le numéro 6 est donné) :

9 - 3 - 5 - 8 - 2 - 6 - 4 - 1 - 10 - 7 -]

Remets le texte en ordre. Le numéro "6" seul est bien placé.

GROUPE 4 :

Dans le texte 2 du document 1, entoure tous les petits mots qui introduisent des explications, des idées, des exemples.

Chapitre III

TYPE TEXTUEL DESCRIPTIF

TEXTES DE L'ÉTAT

QUELS ÉCRITS DANS LE CORPS SOCIAL
- portraits,
- descriptions de paysages,
- guides touristiques.

PROJETS D'ÉCRITURE DANS LA CLASSE
- portraits, paysages insérés dans le type textuel narratif donc dans un conte, un récit de science-fiction, un roman historique écrit par la classe,
- panneaux pour une exposition : son quartier / sa ville,
- confection d'un dépliant pour les correspondants visant à présenter son quartier / sa ville / sa région,
- compte rendu d'une visite à une exposition (musée) pour le Journal,
- reportage.

LIRE
- lecture de descriptions littéraires,
- repérage des passages descriptifs dans les textes narratifs,
- lecture et observation d'écrits sociaux : comptes rendus d'expositions, de spectacles dans les journaux / reportages / guides touristiques,
- tris de textes narratifs et descriptifs afin de différencier leurs caractéristiques et de dégager les critères propres au type textuel descriptif.

CONSTRUIRE DES APPRENTISSAGES
- les temps de la description,
- maîtrise de la valeur de l'imparfait, temps de la description dans le récit,
- étude de la progression propre à la description :
  * par hyperthème dérivé - son visage ⇨ ses yeux, ses cheveux...
  * à thème constant - le garçon... il... il...
- extension de la phrase de base par adjonction d'adverbes de temps, de lieu,
- les verbes d'état : la notion d'attribut du sujet,
- les phrases à présentatif,
- substitution de verbes d'action aux verbes d'état par renversement grammatical : il y a un château ⇨ un château domine la plaine,
- le complément de nom et ses procédés : groupe du nom prépositionnel / proposition relative,
- les procédés de comparaison,
- l'énumération,
- le vocabulaire du portrait.

METTRE EN PAGE
- titre,
- sous-titre,
- paragraphes.

TYPE TEXTUEL DESCRIPTIF

PROJET D'ÉCRITURE :

Le texte descriptif inséré dans un texte narratif.

Point de départ :

La classe écrit un conte musical. Il s'agit d'y inclure la description d'un paysage (l'Ile aux Moines).

Tri des textes : SÉQUENCE 1

Compétences visées :

rassembler les textes de la collection,

énoncer les critères de classement,

argumenter (échanges inter groupes).

Matériel :

collection de 15 textes (documents 1.1 à 1.4).

Démarche :

Après un temps de recherche individuelle où la consigne est de rassembler les textes qui vont ensemble en expliquant pourquoi on les a mis ensemble, les élèves, en petits groupes, confrontent leurs réponses. L'enjeu de ce premier regroupement est d'aboutir à un classement pour le groupe.

La mise en commun permettra de confronter les différents classements. A ce stade du travail, les critères peuvent être multiples : fiction / documentaire, types d'écrits (lettres, roman, théâtre...)...

Travail sur les textes descriptifs : SÉQUENCE 2

Compétences visées :

pratiquer une lecture sélective,

identifier l'origine des documents,

différencier description / narration.

Matériel :

collection de 15 textes (documents 1.1 à 1.4).

Démarche :

Recherche en groupes :

Les élèves sont groupés par 3. La consigne est triple.

Il s'agit d'abord de rassembler les textes contenant une description et de nommer l'objet décrit.

Ensuite, les élèves doivent identifier le support d'origine (roman, documentaire, guide touristique, poème).

Enfin, dans les romans, ils ont à différencier parties narrative et descriptive en utilisant 2 couleurs différentes.

Mise en commun collective.

Lecture d'un texte descriptif : SÉQUENCE 3

Compétences visées :

pratiquer une lecture fine,

analyser un texte.

Matériel :

texte de Le Clézio "Celui qui n'avait jamais vu la mer" (document 2).

Démarche :

Lecture à voix haute par le maître (texte caché).

Découverte du texte par les élèves et lecture silencieuse.

Questionnaire (par deux) :

* Où est le garçon au début ? A la fin ?
* Dans quel ordre sont décrits odeurs, couleurs, bruits ? Pourquoi à ton avis ?
* Quel est le temps employé ?
* Entoure la phrase du texte qui n'est pas au même temps.
* Souligne les comparaisons.

Mise en commun :

Analogie avec la démarche du cinéaste : vue d'ensemble puis zoom.

Ecriture : SÉQUENCE 4

Compétences visées :

faire montre d'une lecture sélective,

adapter son écrit au projet .

Matériel :

textes sur le golfe du Morbihan (document 3),

feuille 21 x 29,7.

Démarche :

Rappel du projet d'écriture :

Dans le conte, il y a nécessité d'inclure une description de l'Ile aux Moines.

Lecture des documents :

Par groupes de 2, les élèves doivent repérer les éléments qui seront utiles à la description.

Ecriture individuelle d'un premier jet.

Lecture à haute voix de quelques productions, et critiques des pairs :

Trop de "il y a", de répétitions, verbes peu précis, pas d'adjectifs, lecture difficile donc ponctuation défaillante.

Travail en groupes de besoins selon les difficultés repérées dans le premier jet : SÉQUENCE 5

Compétences visées :

éviter "il y a",

ponctuer correctement,

remplacer le verbe "être" par un verbe plus précis,

éviter les répétitions,

enrichir le groupe nominal à l'aide d'adjectifs.

Matériel :

exercices du manuel "La Balle aux mots" (document 4).

Démarche :

Les élèves sont répartis en groupes de besoin. Chaque élève travaillera à deux ateliers (un atelier dominant, un de renforcement).

Chaque atelier produira un panneau avec deux exemples d'amélioration des premiers jets, à partir des dysfonctionnements travaillés.

Etude des procédés de comparaison : SÉQUENCE 6

Compétences visées :

identifier les procédés de comparaison dans les textes.

Matériel :

textes descriptifs du tri,

fiche d'exercices (document 5).

Démarche :

Recherche en groupes :

Parmi les textes contenant des descriptions, l'objectif est de rechercher les procédés utilisés pour imager. Par groupes, les élèves repèrent d'abord les comparaisons, les images. Elles sont recensées au tableau. Puis on cherche les procédés utilisés. Chaque groupe est chargé d'opérer un classement à partir de la collection du tableau.

Mise en commun :

- emploi de "comme" : document 1.1 texte A (*rapiécé comme le manteau d'un clochard*) et document 1.4 texte M (*noirs comme du charbon*) ;
- rapprochement de mots qu'on ne rapproche pas habituellement : document 1.3 texte D (*le lac dormait*), document 1.3 texte E (*la pluie bat le chemin*) ;
- substitution par un "mot image" : l'eau ⇨ *un miroir* ; les côtes ⇨ *un bouclier* (document 1.2 texte G) ; la couleur du ciel ⇨ *la craie* (document 1.2 texte H)...

Travail individuel pour imager des phrases (cf : document 5).

Travail sur le paragraphe : SÉQUENCE 7

Compétences visées :

donner un titre à des paragraphes,

découper un texte en paragraphes.

Matériel :

extrait du guide Michelin "Nord de la France Champagne Ardenne" (documents 6 et 6bis).

Démarche :

La classe est divisée en deux groupes. Le premier groupe est chargé de donner un titre à chacun des paragraphes qui composent le texte. Le second groupe travaille sur le texte compact et est chargé de retrouver la mise en page ad hoc.

Recherche individuelle.

Confrontation en petits groupes :

Le premier regroupement réunit les élèves qui ont travaillé à partir de la même consigne. Il s'agit, à l'intérieur de chaque groupe, de se mettre d'accord sur le choix des titres pertinents / du découpage le plus plausible.

Confrontation en petits groupes :

Le deuxième regroupement réunit les élèves qui ont travaillé à partir des deux consignes. Les titres sont transmis aux élèves chargés de retrouver les paragraphes qui doivent confronter l'organisation textuelle, qu'ils ont adoptée aux indications fournies par les titres rédigés par leurs camarades.

Mise en commun :

Présentation à toute la classe du texte source. A chaque paragraphe correspond une idée. La mise en paragraphes aide à la lecture du texte.

Réécriture : SÉQUENCE 8

Compétences visées :

recenser les critères de réalisation du texte descriptif,

améliorer son texte en réutilisant les savoirs construits,

évaluer l'écrit d'un pair.

Matériel :

premiers jets.

Démarche :

Recherche collective :

Il s'agit d'élaborer une grille d'aide à la réécriture qui servira aussi de grille d'évaluation des productions (document 7).

Réécriture individuelle.

Evaluation par un pair à l'aide de la grille et améliorations :

Dans une dernière séquence, on procédera au vote du texte à insérer dans le conte.

A

Ce jour-là, je lavais les vitres. En réalité, je m'amusais à lancer des morceaux de papier par la fenêtre. C'était rigolo. Les confettis tournoyaient avant de se poser dans la cour de notre H.L.M., ou sur le balcon des voisins. Certains atterrissaient sur le toit de la petite maison abandonnée, nichée au pied de l'immeuble.

Mince alors !

- Maman, viens voir ! Vite ! Vite !

Un side-car rouge et jaune venait de s'arrêter devant le portail de la maison. Quel side-car ! Un engin pétaradant, crachant une épaisse fumée noire. Il était rafistolé, rapiécé comme le manteau d'un clochard. Depuis le deuxième étage, je distinguais les morceaux de fil de fer qui retenaient ensemble les différentes pièces de la moto. Un immense guidon, en forme de fer à cheval, pointait vers le ciel. Maman m'avait rejoint à la fenêtre. Elle me poussait du coude pour mieux voir.

- Pierrot, laisse-moi un peu de place !

Côte à côte, nous retenions notre souffle. Le spectacle le méritait !

in "Pépé Révolution"
JP NOZIERE
(Magnard)

F

Une histoire d'invasions

Il y a 2 000 ans, les Romains envahirent ces îles et les occupèrent jusqu'au Ve siècle après J.-C. Des traces de cette occupation sont encore visibles, par exemple le "mur d'Hadrien", au nord, et les "thermes de Bath" au sud.

Une invasion germanique, surtout saxonne, commença alors à transformer l'organisation et la culture du pays, lui donnant des traits toujours caractéristiques, notamment la langue.

La dernière invasion de l'île, en 1066, par Guillaume le Conquérant et les Normands, donna au pays son originalité définitive en mêlant les civilisations saxonne et normande, cette dernière apportant le goût de la marine et la conquête d'espaces nouveaux.

Le pays s'organisa alors au prix d'annexions (le Pays de Galles) et de luttes internes (où s'illustrèrent Richard Coeur de Lion, Jean sans Terre...). En 1215, un document écrit, la Magna Carta, institua un conseil auprès du roi : l'idée d'un Parlement venait de naître.

En 1534, la dynastie des Tudors (Henry VIII et Élysabeth 1ère), rompit avec le pape de Rome et renforça l'indépendance des Britanniques en créant l'Eglise d'Angleterre, proche des protestants.

Cette époque brillante doit sa gloire aux arts (particulièrement le théâtre de Shakespeare) et à l'exploration des mers et des terres lointaines, notamment la côte est de l'Amérique du Nord.

in "Le Royaume Uni au présent"
(Hachette Jeunesse)

B

A TOI DE JOUER

La frappe de la balle

Pour apprendre à tirer ou à faire des passes, il faut bien connaître les différentes façons dont on peut envoyer le ballon.

La passe courte : on frappe le ballon, le plat du pied bien ouvert. C'est la technique de passe courte la plus précise. En touchant le côté du ballon, de l'intérieur ou de l'extérieur du pied, on peut lui donner de l'effet.

La passe longue : on frappe le ballon au centre, avec le cou-de-pied. Le pied d'appui (celui qui ne tire pas) est contre le ballon. Pour tirer en l'air, on se penche légèrement vers l'arrière et on frappe plutôt le ballon avec également la partie inférieure du cou-de-pied.

La demi-volée : on frappe le ballon au moment où il vient toucher le sol, à l'instant du rebond. Avec n'importe quelle partie du pied.

Penché en avant, la balle part au ras du sol ; incliné en arrière, elle s'élève. Pour mieux réaliser la demi-volée, on ne quitte pas le ballon des yeux jusqu'au moment de la frappe.

La volée : on frappe le ballon alors qu'il est encore en l'air. En équilibre sur la jambe d'appui, on lance l'autre en l'air pour réaliser le shoot. La volée exige de l'entraînement mais un bon joueur doit être capable de tirer dans n'importe quelle position...

Le jeu de tête

Cette technique peut s'apprendre assez vite. Elle réclame d'abord une bonne détente verticale et la capacité d'aller sur le ballon sans appréhension. C'est en hésitant qu'on se fait mal...

Pour donner de la force et de la précision au coup de tête, le joueur sollicite les muscles abdominaux en les contractant au moment du coup.

in "J'aime le Football"
(Ed. du Sport)

G

Étroite et fraîche Grande-Bretagne

Si 1 000 km séparent le nord et le sud de la Grande-Bretagne, on n'y vit pourtant jamais à plus de 120 km de la mer, car l'île est étroite. De vieilles montagnes aux sommets usés et peu élevés (le Ben Nevis, le plus haut, n'atteint que 1 343 m) laissent peu de place aux plaines.

Les nuages venus de l'Atlantique rencontrent ces obstacles et maintiennent au-dessus de l'archipel un climat très humide, avec de fréquentes tempêtes.

Le ciel très changeant, souvent couvert et pluvieux, réduit l'ensoleillement. En hiver, en Écosse, le soleil peut n'apparaître qu'une heure à peine par jour ! Face à ce climat, humide et frais, la maison est un refuge très apprécié et l'on rêve de passer ses vacances au bord de la Méditerranée...

L'étendue du territoire paraît petite pour une population de 57 millions d'habitants. La densité, qui ne dépasse pas 70 habitants au km^2 dans les campagnes d'Écosse, est toutefois très élevée sous un si rude climat. Dans les plaines de l'Angleterre, elle dépasse souvent les 300 à 400 habitants au km^2, comme dans les autres régions très peuplées d'Europe et du Japon.

Cette importante densité pour un petit territoire explique que très peu de terres du Royaume-Uni restent inutilisées et que, depuis longtemps, ses habitants aient cherché à étendre leur espace sur les eaux et les continents. Pour les Britanniques, la vie dépend autant de la mer que de la terre. Les 10 000 km de côtes servent non seulement de "bouclier" contre les envahisseurs, mais aussi de base pour la pêche et le commerce maritime. Au cours de l'Histoire, la mer fut tour à tour une voie d'invasion des îles Britanniques et une base de départ pour l'extension des conquêtes de leurs habitants.

in "Le Royaume Uni au présent"
(Hachette Jeunesse)

H

LES TROIS GRIFFES DU DIABLE

L'aurore révélait un horizon de crêtes aux formes arrondies. Un soleil blafard montait derrière le Hohneck ; des ombres violettes glissaient des sommets, soulignant le recul de la nuit. Le jour se coulait dans la vallée, mais le ciel, lourd et bas, avait la couleur de la craie.

- Ça sent la neige, dit le Père en changeant sa hache d'épaule.

in "Le fils des loups"
Alain Surget (Cascade)

I

Le vieillissement du Soleil

Depuis l'apparition de la vie sur Terre, voici quelque 3 500 millions d'années, le Soleil brille plus ou moins régulièrement. On pensait jadis que les événements marquants de l'histoire, comme la disparition des dinosaures, étaient dus à un refroidissement momentané de l'astre. Toutefois, il paraît plus probable que la mort des dinosaures ait été due à une modification de l'atmosphère terrestre. Un astéroïde a peut-être heurté notre planète, créant un nuage de poussière qui l'a plongée dans l'ombre. Les plantes, dont la survie dépend du Soleil, se sont éteintes, ainsi que certains animaux.

D'une géante démesurée...

Le Soleil consomme son "combustible", l'hydrogène, plus lentement que certaines autres étoiles. Dans 5 000 millions d'années cependant, il devrait connaître une "crise énergétique". Le noyau brillant d'hélium aura tant enflé que le Soleil se mettra à se condenser. Au début, la chaleur de plus en plus forte du noyau repoussera les couches d'hydrogène restantes vers l'extérieur, transformant le Soleil en une colossale boule orange, une géante rouge.

Pour les hommes de l'époque, cet événement constituera une véritable catastrophe. La planète Mercure, et peut-être même Venus, disparaîtront dans un nuage brûlant. La Terre y échappera peut-être, mais elle sera néanmoins grillée. L'air se consumera totalement, les océans s'évaporeront et la planète ne sera plus qu'un brasier rocheux sans vie.

... à une naine minuscule

Le Soleil demeurera probablement une étoile géante pendant plusieurs milliers de millions d'années, mais il épuisera finalement son combustible. Le nuage rouge d'hydrogène finira par s'éloigner dans l'espace, ne laissant qu'une minuscule étoile brûlante, de la taille de la Terre. Ce sera alors une naine blanche contenant à peu de choses près les mêmes éléments que le Soleil, mais environ un million de fois plus petite.

A cette époque, le nuage de poussière qui entoure la Terre se sera dissipé. Un astronaute d'une autre planète, atterrissant sur la Terre triste, désolée et éclairée par un faible Soleil, pourra difficilement imaginer que la vie ait un jour existé sur notre planète. Au cours des quelques millions d'années suivantes, le Soleil agonisant passera du blanc au jaune, puis au rouge, pour abandonner enfin notre Terre dans l'obscurité la plus totale.

in "L'histoire de l'Univers"
(Les deux coqs d'or)

C

Observe ce cheval

Ses muscles puissants sont adaptés à la course. Ses pieds sont protégés par des étuis de corne, les sabots. Il voit et sent très bien. Ses oreilles mobiles sont attentives au bruit.

Le cheval a 40 dents, la jument 36. On peut connaître l'âge du cheval à l'usure de ses dents.

in "A Cheval"
(Gallimard Jeunesse)

D

Ce petit lac dormait. La lumière du soir illuminait à peine l'étendue de ses eaux désertes. De larges peupliers l'enveloppaient. Serrés étroitement l'un contre l'autre, leur feuillage dressait, à contre-jour, une haie sombre. Les uns s'élevaient presque au ras de l'eau sur de faibles lagunes. D'autres barraient l'horizon tendre où une clarté cristalline éclairait encore le ciel. Le rivage était rocheux. Du haut de sa falaise un bois épais de chênes verts descendu des collines assombrissait les eaux. Ces eaux, partout pures et planes, n'émettaient plus qu'une lueur. Au milieu du lac reposait une île.

On y voyait une petite chapelle. Toute l'île était plantée de grands cyprès. Ils semblaient très vieux. La barque, encore sur son erre, glissait sans rider l'eau ; et l'île s'avançait vers nous, calme, fantomale. C'était, au jour tombant, une forme irréelle, la demeure improbable du silence. Car il n'en venait pas un bruit. Sur toute l'étendue lacustre, les plantes, les arbres, les eaux, merveilleusement se taisaient.

Je dormis mal. Car la nuit fut hantée. Sous le silence de ces lieux étranges, à force de se taire, on finissait par percevoir comme la vibration sourde d'une vie indéfinissable : des bruits vagues ou des soupirs, plus loin, un murmure, peut-être un pas hésitant sur la grève, le souffle d'un être invisible et, sous le miroir des eaux calmes, le mouvement mystérieux des eaux secrètes...

Quelqu'un vint sur le rivage.

in "L'Enfant et la Rivière"
H. BOSCO (Folio Gallimard)

E

AUJOURD'HUI un temps d'un gris très doux enveloppe la maison. De lourds nuages passent dans le ciel. Une petite pluie fine zèbre le paysage.

Ludovic se tient devant la fenêtre. Quand le temps est si sombre, la mer bat sans répit la falaise !

Il descend chercher ses bottes et son ciré dans l'entrée. Il enfile la capuche, bien serrée autour de sa tête comme fait papa quand ils partent ensemble, puis il sort.

La pluie bat le chemin à petits coups répétés. Bien au chaud dans son ciré, Ludovic se laisse pousser par le vent. C'est délicieux ! Il attrape quelques gouttes avec sa langue.

in "Lisa L'intruse"
Nadine BRUN-COSNE (Milan coll. Zanzibar)

O

L'HEURE DU BERGER

La lune est rouge au brumeux horizon ;
Dans un brouillard qui danse, la prairie
S'endort fumeuse, et la grenouille crie
Par les joncs verts où circule un frisson ;

Les fleurs des eaux referment leurs corolles ;
Des peupliers profilent aux lointains ,
Droits et serrés, leurs spectres incertains ;
Vers les buissons errent les lucioles ;

Les chats-huants s'éveillent, et sans bruit
Rament l'air noir avec leurs ailes lourdes,
Et le zénith s'emplit de lueurs sourdes.
Blanche, Vénus émerge, et c'est la Nuit.

N

Le Golfe du Morbihan est une véritable petite mer intérieure (12 000 ha). On y dénombre 40 îles et îlots. Les deux îles les plus importantes sont l'Île aux Moines et l'Île d'Arz.

C'est un lieu magique où la mer, la terre et le ciel se mêlent en paysages changeants et insolites.

in "Dépliant touristique "
Office du Tourisme du Morbihan

K

Le dimanche arriva. Une foule d'hommes se pressait aux portes du château. Tous se disaient capables de porter le sac d'or.
Galarus était entouré de ses amis. Il occupait une place de choix au milieu d'une tribune remplie de spectateurs. Il tapa sur un gong et il déclara le concours ouvert.

in "Le Sac d'or"
Clair ARTHUR (Revue J'aime Lire)

J

KNOCK : De quoi souffrez-vous ?
LE TAMBOUR : Attendez que je réfléchisse ! (Il rit) Voilà. Quand j'ai dîné, il y a des fois que je sens une espèce de démangeaison ici. (Il montre le haut de son épigastre) Ça me chatouille, ou plutôt, ça me grattouille.
KNOCK, d'un air de profonde concentration : Attention. Ne confondons pas. Est-ce que ça vous chatouille, ou est-ce que ça vous grattouille ?
LE TAMBOUR : Ça me grattouille. (Il médite.) Mais ça me chatouille bien un peu aussi.
KNOCK : Désignez-moi exactement l'endroit.
LE TAMBOUR : Par ici.
KNOCK : Par ici... où cela, par ici ?
LE TAMBOUR : Là. Ou peut-être là... Entre les deux.
KNOCK : Juste entre les deux ?... Est-ce que ça ne serait pas plutôt un rien à gauche, là, où je mets mon doigt ?
LE TAMBOUR : Il me semble bien.
KNOCK : Ça vous fait mal quand j'enfonce mon doigt ?
LE TAMBOUR : Oui, on dirait que ça me fait mal.
KNOCK : Ah ! ah ! (Il médite d'un air sombre.) Est-ce que ça ne vous grattouille pas davantage quand vous mangez de la tête de veau à la vinaigrette ?
LE TAMBOUR : Je n'en mange jamais. Mais il me semble que si j'en mangeais, effectivement, ça me grattouillerait plus.
KNOCK : Ah ! ah ! très important. Ah ! ah ! Quel âge avez-vous ?
LE TAMBOUR : Cinquante et un, dans mes cinquante deux.

in "Knock"
Jules ROMAIN (Gallimard)

L

Mon petit papa chéri,
Je jure que je m'occuperai du chien, tout le temps. S'il est malade, s'il attrape la varicelle, c'est moi qui le soignerai. Tu n'auras même pas besoin d'aller chez le pharmacien. Mais de toute manière, je ferai tellement attention qu'il n'attrapera pas la varicelle. Alors comme ça, je peux le garder. Dis oui, Papa. Je t'en supplie.

in "TOUFDEPOIL"
Claude GUTMAN (Bordas)

M

Quand la soupe fut faite et avalée, le maître conseilla : "Maintenant, il faut dormir, car dans trois jours, il faudra être à Lyon".
C'est agréable de dormir dans le foin !
Le lendemain, nous nous mettons en route très tôt et le voyage se poursuit sans incident. Le soir, nous nous arrêtons dans une auberge, une abbaye, [...] Parfois, des gens viennent à notre rencontre pour nous offrir de la nourriture. Le voyage se poursuit donc sans incident.
Quelques jours plus tard, après Mâcon, nous rencontrons des paysans qui nous proposent gentiment de monter dans leurs quatre charrettes jusqu'à Lyon. Avec les amis de Geoffroy, nous acceptons avec joie en les remerciant.
Le lendemain, Mélanie aperçoit au loin les remparts qui protègent la ville. Les rues, très étroites, sont très animées. Patrick nous fait remarquer que le sol est pavé et qu'un ruisseau d'eau sale coule au milieu de la rue. Les maisons, en pierre ou en torchis à pans de bois, sont très serrées.
"C'est comme la Ruelle des Chats à Troyes ! s'exclame Aurélien. Les boutiques occupent le rez-de-chaussée des maisons et les étalages sont présentés sur des volets de bois, ouverts sur la rue. Nous sommes bousculés par des passants ; tout le monde est pressé. Nous entendons les cris des marchands et des revendeurs. Comme la circulation est difficile et que le temps presse, nous descendons des chariots, remercions les paysans et continuons la traversée à pied. Enfin, nous passons l'une des portes de l'enceinte et reprenons notre chemin à travers la campagne. Le paysage est splendide. Nous avançons dans le Sillon Rhôdanien et de chaque côté, nous apercevons des montagnes : le Massif Central à droite et les Alpes à gauche. Au bout de quelques jours, nous atteignons la Provence avec ses paysages arides.
Arrivés à Gênes, en Italie, nous remarquons que les belles maisons qui bordent les quais doivent appartenir à des gens riches à qui le commerce profite. Partout, on s'active : des hommes sont en train d'embarquer des chevaux, d'autres débarquent des tonneaux, de nombreux soldats marchent le long du port. Des cris, exprimés en diverses langues, retentissent. Peu à peu, et malgré nos conseils leur demandant de réfléchir, des dizaines et des dizaines d'enfants embarquent sur des nefs, dirigées par des armateurs à l'air louche. A côté de nous, un homme nous propose d'embarquer dans sa nef. Il a un gros nez, de longues oreilles dont une est coupée, et coiffé d'un chapeau qui cache ses cheveux noirs comme le charbon.

in "Les Aventures de Guillaume"
Roman scolaire. Ecole de DIERREY SAINT PIERRE

Celui qui n'avait jamais vu la mer

La mer était loin, à l'autre bout de la plaine de sable. Elle brillait dans la lumière, elle changeait de couleur et d'aspect, étendue bleue, puis grise, verte, presque noire, bancs de sable ocre, ourlets blancs des vagues. Daniel ne savait pas qu'elle était si loin. Il continuait à courir les bras serrés contre son corps, le coeur cognant de toutes ses forces dans sa poitrine. Maintenant il sentait le sable dur comme l'asphalte, humide et froid sous ses pieds. A mesure qu'il s'approchait, le bruit des vagues grandissait, emplissait tout comme un sifflement de vapeur. C'était un bruit très doux et très lent, puis violent et inquiétant comme l'eau des fleuves. Mais Daniel n'avait pas peur. Il continuait à courir le plus vite qu'il pouvait, droit dans l'air froid sans regarder ailleurs. Quand il ne fut plus qu'à quelques mètres de la frange d'écume, il sentit l'odeur des profondeurs et il s'arrêta.

J-M. G. Le Clézio

(Gallimard)

La Perle du Golfe

Plusieurs mégalithes attestent une occupation très ancienne de l'Ile-aux-Moines, territoire Vénète jusqu'à l'invasion romaine peu avant notre ère.

Son nom breton d'IZENAH est la contraction de celui qu'elle portait déjà au XIe siècle : ENEZ MANACH - Ile des Moines. Ce nom lui vient sans doute de 854 lorsque Erispoë, alors roi de Bretagne, donna l'île aux moines de l'abbaye de Redon afin qu'ils la cultivent.

L'île devint paroisse en 1453, lorsque sa population commença de croître, et fut déclarée commune en 1792 en prenant le nom français qui lui est resté.

L'Ile-aux-Moines vous offre ses plages, ses bois et ses innombrables chemins protégés par une abondante végétation dévoilant çà et là d'admirables points de vue sur tout le golfe.

Malgré ses 7 km de long et 5 de large, vous ne serez jamais à plus de 450 m de la mer.

Dans le bourg les ruelles se croisent au gré des habitations. Tantôt sentier, tantôt escalier, elles vous feront découvrir la modeste maison de pêcheur aux murs blanchis et aux menuiseries colorées, ou la maison de capitaine plus importante au granit parfois travaillé.

Une végétation luxuriante et à demi sauvage constitue l'un des principaux charmes de l'île et la variété de ses paysages.

Au fil des saisons le mimosa, le camélia, le rhododendron et l'hortensia fleurissent sentiers et jardins, transformant l'île en un grand parc pour le plaisir des yeux.

La perle du Golfe

L'Ile-aux-Moines avec ses 300 ha vous offre ses plages et ses bois touffus qui répondent aux jolis noms du "bois d'amour", "bois des soupirs", "bois des regrets".

Bourg aux chaumières fleuries et aux ruelles tortes et ombragées, qui n'en finissent pas de déboucher sur d'admirables points de vue, qui font penser à autant de tableaux vivants du golfe.

Le séjour y est agréable, le climat doux joint à une réelle capacité d'accueil incitent bon nombre de visiteurs venus passer la journée à revenir pour de plus longs séjours.

La petite mer

À partir du port de Vannes, on peut découvrir le golfe, la mor bihan en breton (mot à mot "mer petite"), qui a donné son nom au département. Cette "petite mer" couvre 12 000 hectares et s'étend sur 25 kilomètres jusqu'au goulet qui, entre Port-Navalo et la pointe de Kerpenhir à l'ouest, débouche sur la mor bras, la "mer grande", l'océan Atlantique. Des vedettes permettent de visiter le golfe et les îles, dont un vieux dicton morbihannais affirme qu'il y en a autant que de jours dans l'année ; en réalité, il y a 40 îles et îlots.

L'Île-aux-Moines, avec ses nombreuses résidences secondaires, voit sa population se multiplier par dix en été. Cette île, la plus grande du golfe avec ses 6 kilomètres de long, a toujours été réputée pour sa beauté et la douceur de son climat, ce qui la fait apprécier des peintres et des écrivains. Gavrinis et Er Lannic sont de simples îlots, néanmoins connus. Sur Gavrinis, dont le nom signifie "île de la Chèvre", s'élève un tumulus de 100 mètres de diamètre, datant de 3 000 ans avant notre ère ; nombre de pierres du couloir et de la salle dolméniques portent des dessins gravés, dont la signification demeure toujours un mystère, mais l'exceptionnelle qualité de la décoration laisse supposer que cet édifice devait avoir une importance religieuse particulière.

in "Dépliant touristique"
(Office du Tourisme du Morbihan)

Travail en groupes de besoins

Eviter "il y a"

Remplace "il y a" ou "il y avait" par un verbe précis.

Il y a de nombreuses voitures sur le parking de l'Esplanade.
Dans le mur de l'école, il y avait un essaim d'abeilles et les élèves n'ont pas voulu qu'il soit détruit.
Depuis hier, il y a dans l'espace un vaisseau habité.
Il y a une odeur de papier brûlé dans le quartier.
A la télévision, en ce moment, il y a un film sur la vie des insectes.

Ponctuer correctement

Rétablis la ponctuation.

Quand le train se présenta les voyageurs prirent leurs bagages c'était le rapide en provenance de Nice.
Tous les soirs quand André l'appelle la petite chatte noire rentre à la maison elle dort sur une chaise dans la chambre.
Une automobile surgit un piéton au milieu de la chaussée l'évite de justesse mais un gardien de la paix arrête le véhicule le conducteur était ivre.

Remplacer le verbe "être" par un verbe plus précis

Remplace le verbe "être" par un verbe plus précis.

Le lièvre était dans un champ de pommes de terre.
Les personnes qui devaient assister au concert étaient devant le théâtre.
Au salon des antiquaires, les visiteurs admiraient un vase en porcelaine qui était sur une table ancienne.
Il faut bien observer les deux personnes qui sont au centre du tableau.
Le clocher est au sommet de la colline, au milieu des maisons à toits d'ardoises.
Les premiers coureurs étaient dans la côte et les derniers étaient encore sur le plat.

Eviter les répétitions : exercices de substitution

Emploie des pronoms personnels pour éviter les répétitions.

Mathias était prudent. Mathias savait qu'il ne fallait rien faire avec précipitation. Parfois Mathias était allé trop vite et Mathias avait commis des erreurs. Les rois ne peuvent pas faire tout ce qu'ils veulent ; les rois doivent obéir à la loi. La loi doit être respectée. La loi est une sorte de règle du jeu ; la loi ne peut pas être détournée.

Réunis les phrases. Utilise des pronoms pour éviter les répétitions :

Naoh ranima le feu. Il protégea le feu. ⇨ Naoh ranima le feu et il le protégea.

Le guerrier brandit sa hache. Il lança sa hache.
Naoh observait les mammouths. Il ne craignait plus les mammouths.
Gaw construit une cage à feu. Il cache sa cage à feu.
Le fils du Léopard place un piège. Il surveille ce piège.
Les Nains Rouges attaquèrent le camp. Ils dévastèrent le camp.

Remplace le complément d'objet par le pronom complément qui convient : lui ou leur.

La directrice parle à Amélie.
Nous écrivons à nos correspondants.
Sylvain téléphone à sa grand-mère.
Estelle et Mustapha rendent visite à Bertrand.
Tu fais plaisir à tes parents.
Ludovic et David répondent à Julie.

Remplace le complément d'objet indirect par le pronom complément qui convient : en ou y.

Guillaume participe à cette course.
Sandra parle souvent de sa petite soeur.
Nous avons besoin de vos conseils.
On se souvient de cette aventure.
Stéphanie renonce à son projet.
Mathieu s'intéresse à la photographie.

Enrichir l'élément décrit à l'aide d'adjectifs

Complète les groupes nominaux suivants à l'aide d'adjectifs qualificatifs

Des fruits - ce jardinier - quelques arbustes - une récolte - un marché - des confitures.

Complète les groupes nominaux de chaque phrase à l'aide d'adjectifs qualificatifs

Une libellule se pose sur une fleur.
Ces roses forment un bouquet.
Une allée traverse la forêt.
L'écureuil niche au sommet du chêne.
Le chevreuil s'enfuit à travers les fourrés

Réunis en une seule phrase, sans ajouter de mots nouveaux.

Une lumière déchire le ciel. La lumière est éblouissante et blanche.
Le claquement du tonnerre nous fait sursauter. Le claquement est sec et violent.
Une bourrasque déracine le bouleau. La bourrasque est soudaine et puissante.

In "La balle aux mots" CM2
(Nathan)

Imager des phrases

Complète les phrases avec des comparaisons.

Tante Martine n'arrêtait pas de parler, elle était ...
Après la course, André avait si soif qu'il se mit à ...
Quand elle dansait, [...], Aude donnait l'impression de ne pas toucher le sol.
Mathieu a mal au pied, mais il se précipite derrière le ballon. Cela ne l'empêche pas de ...

Remplace chaque expression entre parenthèses par une image expressive.

un paysage semblant appartenir au monde des fées ⇨ un paysage féerique
Un soleil (dont la chaleur rappelle la lourdeur du plomb)
Une mer (dont les vagues ressemblent au dos des moutons)
Un visage (qui n'est pas plus expressif qu'un bloc de marbre)
Une mélodie (douce et un peu écoeurante, comme un sirop trop sucré)
Un mont (dont le sommet ne porte pas d'arbres, comme le crâne d'un monsieur sans cheveux).

Souligne les mots qui font image dans ces phrases.

La mer berce doucement les barques le long du quai désert.
La vague caresse le sable et court entre les galets.
J'ai trouvé trois crevettes grises endormies sur un lit d'algues.
Le vent chante dans les arbres du jardin.

A chaque fois, choisis l'expression qui te paraîtra la plus imagée et emploie-la dans une phrase.

le bruit des vagues, le chant des vagues, le grondement des vagues.
être dans la lune, rêver, être ailleurs.
un nuage de fumée, un écran de fumée, un rideau de fumée.
une voix claire, une voix cristalline.
un mauvais teint, un teint terreux, un teint cadavérique.
faire les quatre cents coups, faire des bêtises.

Explique les images suivantes.

Le vent hurlait dans la montagne.
Alice se promenait parmi un parterre de fleurs lumineuses.
Le véliplanchiste franchissait les vagues moutonneuses avec aisance.
Martin dormait d'un sommeil de plomb.
Le tonnerre grondait avec violence.
"Quel paysage souriant !" s'exclame ma tante.

In "La croisée de mots"
(Istra)

document 6

Extrait du guide Michelin : nord de la France, Champagne Ardenne

CHAMPAGNE ARDENNE

La Champagne, province-carrefour, est fidèle à une tradition commerciale issue des célèbres foires médiévales qui enrichirent Reims et Troyes. Cependant, les industries tendent à s'accroître depuis quelques années, non seulement à Troyes mais à Reims centre en pleine expansion (textiles, alimentation, biens d'équipement, laboratoires...) et à Châlons.

Les industries agricoles champenoises sont importantes avec, au premier chef, l'élaboration du Champagne et toutes les activités qui en dépendent. Il faut citer aussi les brasseries de Châlons, les sucreries (la plus grande raffinerie d'Europe à Connantre) et les minoteries, nombreuses dans les vallées de l'Aube, de la Seine et de la Marne.

Les industries textiles sont anciennes. L'industrie lainière de Reims, née au 17ème siècle, à l'époque où les troupeaux de moutons erraient dans la Champagne pouilleuse, a disparu, mais la bonneterie et ses annexes (blanchisseries et teintureries) se maintiennent à Troyes, Romilly et Arcis sur Aube. La région de Troyes représente le quart de la bonneterie française ; comme dans la région lilloise, il s'agit généralement d'entreprises familiales d'importance moyenne dont la concentration est en cours.

La métallurgie champenoise employait les minerais de fer et le bois lorrains. Elle survit grâce à sa spécialisation : tréfileries, chaudronneries dans la vallée de la Blaise, forges à Saint-Dizier, fabrique de roues Michelin pour véhicules automobiles à Troyes, coutellerie et instruments de chirurgie à Nogent en Bassigny.

document 6bis

La Champagne, province-carrefour, est fidèle à une tradition commerciale issue des célèbres foires médiévales qui enrichirent Reims et Troyes. Cependant, les industries tendent à s'accroître depuis quelques années, non seulement à Troyes mais à Reims centre en pleine expansion (textiles, alimentation, biens d'équipement, laboratoires...) et à Châlons. Les industries agricoles champenoises sont importantes avec, au premier chef, l'élaboration du Champagne et toutes les activités qui en dépendent. Il faut citer aussi les brasseries de Châlons, les sucreries (la plus grande raffinerie d'Europe à Connantre) et les minoteries, nombreuses dans les vallées de l'Aube, de la Seine et de la Marne. Les industries textiles sont anciennes. L'industrie lainière de Reims, née au 17ème siècle, à l'époque où les troupeaux de moutons erraient dans la Champagne pouilleuse, a disparu, mais la bonneterie et ses annexes (blanchisseries et teintureries) se maintiennent à Troyes, Romilly et Arcis sur Aube. La région de Troyes représente le quart de la bonneterie française ; comme dans la région lilloise, il s'agit généralement d'entreprises familiales d'importance moyenne dont la concentration est en cours. La métallurgie champenoise employait les minerais de fer et le bois lorrains. Elle survit grâce à sa spécialisation : tréfileries, chaudronneries dans la vallée de la Blaise, forges à Saint-Dizier, fabrique de roues Michelin pour véhicules automobiles à Troyes, coutellerie et instruments de chirurgie à Nogent en Bassigny.

document 7

ÉVALUATION	OUI	NON
Il s'agit d'un texte descriptif.		
L'île est décrite en général.		
Puis est décrit le lieu où l'on campe.		
"il y a" est évité.		
Les groupes nominaux sont enrichis.		
Les répétitions sont évitées.		
Le présent (descriptif) est employé.		
Emploi de "mots-images", comparaisons.		
Accords vérifiés.		
Orthographe vérifiée.		
Ponctuation correcte.		
Mise en page : paragraphes.		

Chapitre IV

TYPE TEXTUEL EXPLICATIF

FAIRE COMPRENDRE QUELQUE CHOSE À QUELQU'UN

QUELS ÉCRITS DANS LE CORPS SOCIAL
- textes scientifiques,
- textes géographiques,
- textes historiques.

PROJETS D'ÉCRITURE DANS LA CLASSE
- traces écrites dans les cahiers "d'éveil",
- brochure pour les correspondants, la BCD,
- panneaux pour une exposition,
- écrit adressé à une autre classe : "les grands expliquent aux petits".

LIRE
- lecture d'articles dans des revues, des magazines spécialisés,
- lecture de textes de manuels, d'articles d'encyclopédies,
- tris de textes renvoyant à un même thème de manière à faire percevoir aux élèves la spécificité du type textuel explicatif.

CONSTRUIRE DES APPRENTISSAGES
- mise en oeuvre d'un questionnement du type :
  * qui écrit ? (émetteur), * pour qui ? (récepteur),
  * comment ai-je trouvé ce texte ? (canal), * que dit ce texte ? (message),
  * que m'apprend-il par rapport à des connaissances antérieures (référent),
- mise en oeuvre d'une démarche de lecture découverte : survol du texte / questionnement / lecture silencieuse / confrontation avec les premières hypothèses émises / relecture plus fine,
- utilisation du présent de vérité,
- utilisation de la troisième personne (sujet neutre),
- utilisation de tournures impersonnelles : "il...",
- construction passive (neutralisation de l'énonciation),
- emploi de l'infinitif, du participe présent,
- présence de phrases à présentatifs : c'est, il y a ...
- phrases nominales,
- connecteurs spécifiques.

METTRE EN PAGE
- titre, sous-titres,
- paragraphes épousant la logique du texte,
- rôle des tirets, parenthèses,
- présence de schémas.

PROJET D'ÉCRITURE :

Réalisation d'un panneau pour une exposition.

Point de départ :

A l'issue de la visite de la cristallerie de Bayel, nous envisageons l'écriture d'un panneau collectif en vue d'une exposition.

Planification de l'écrit et écriture du premier jet : SÉQUENCE 1

Compétences visées :

lire des images,
argumenter,
adapter son écrit au projet.

Matériel :

cassette-vidéo,
tableau,
feuille de brouillon.

Démarche :

Visionnement d'une cassette sur la fabrication du verre pour verbaliser les différentes étapes :
(oral / collectif).

Définition du projet :
Qu'allons nous écrire ? Un texte pour expliquer la fabrication du verre.
Pour qui ? Les élèves des autres classes.
Dans quel but ? Leur faire comprendre le procédé de fabrication.
Sous quelle forme ? Un panneau.
(collectif / oral).

Ecriture individuelle :
Premier jet sur feuilles de brouillon ordinateur (grand format).

Hétéro-évaluation des productions : SÉQUENCE 2

Compétences visées :

opérer la distanciation nécessaire à une lecture critique,

repérer les dysfonctionnements existants (ça ne va pas),

nommer ces dysfonctionnements (ça ne va pas, parce que..).

Matériel :

premiers jets,

papier affiche.

Démarche :

Par groupes de quatre, les élèves lisent les premiers projets. Chaque groupe construit un tableau où apparaissent les points positifs et négatifs tenant tant au contenu du texte (erreurs, oublis), qu'à sa présentation, son organisation interne (3 colonnes).

Les groupes présentent à la classe le produit de leur observation et un tableau récapitulatif est construit par le maître.

Confrontation avec des écrits sociaux : SÉQUENCE 3

Compétences visées :

dégager la superstructure du texte explicatif,

repérer les connecteurs,

élaborer une grille d'aide à l'écriture.

Matériel :

texte : la déforestation équatoriale (document 1).

Démarche :

Recherche individuelle et confrontation en petits groupes.

La classe est répartie en 4 groupes qui travaillent à partir du même document aménagé différemment selon les consignes suivantes :

Consignes pour le groupe 1 :
- donne un titre à chaque partie de ce texte.
- souligne les verbes conjugués et relève les temps utilisés dans les paragraphes 1 et 2.

Consignes pour le groupe 2 :
- trouve la question à laquelle chaque partie du texte va permettre de répondre.
- à quelles personnes le texte est-il écrit ?

Consignes pour le groupe 3 :
- remets le texte en ordre (texte présenté 3 - 2 - 4 - 1 - numéros effacés)

Consignes pour le groupe 4 :
- remets à leur place les mots manquants (en gras dans le document) :
  aujourd'hui - encore - si - quand - mais - aujourd'hui - alors - quand -
- remplace les deux points (ligne 3 paragraphe 1, ligne 3 paragraphe 2, lignes 3 et 4 paragraphe 4) par un petit mot.
- à quoi servent les parenthèses ?

Mise en commun :

Chaque groupe présente le résultat de ses travaux. C'est le croisement des informations dans la phase suivante qui permettra de formaliser les savoirs.

Synthèse :

Elle peut se faire en élaborant un document commun comme suit :

LE TEXTE	**LA LANGUE**
Il présente ce dont on parle. Il pose un problème. Il explique les conséquences du problème, la résolution. Il conclut.	Le texte est écrit au présent. La troisième personne est utilisée. On rencontre des tournures passives. Des mots aident à organiser le texte.
LA PRÉSENTATION	**LA PONCTUATION**
Il y a un titre. Les parties sont séparées (voir texte).	Les parenthèses donnent des exemples. Les deux points ouvrent une explication.

Séquence décrochée de lecture : SÉQUENCE 4

Compétences visées :

reconstituer un texte explicatif,

compléter un texte lacunaire en utilisant les connecteurs adéquats.

Matériel :

texte sur le cacaoyer (document 2),

texte sur le sommeil (document 3).

Démarche :

Le travail est individuel.

Une synthèse en petits groupes permet aux élèves d'échanger, de confronter leurs points de vue et d'aboutir à un accord avant la mise au point collective.

Séquence décrochée sur le passif : SÉQUENCE 5

Compétences visées :

identifier la forme passive,

passer de la voix active à la voix passive.

Matériel :

texte : "comment prépare-t-on la laine ?" (document 4),

manuel de français de la classe.

Démarche :

Travail par groupes de deux :

Dans le texte, on cherche les sujets des verbes en gros caractères.

Mise en commun :

On remarque l'emploi massif de "être" (sauf "on trie" et "le tri ne peut"), l'accord du participe avec le sujet.

La toison est soignée, le mouton est tondu, ...

⇧ ___________ ⇧ ⇧ _________ ⇧

Il ne s'agit pas du verbe "être" suivi d'un participe mais des verbes "soigner", "tondre"...

Ces verbes sont conjugués à la voix passive. Elle nous indique l'action subie par le sujet.

Travail par groupes de deux :

On cherche l'infinitif des verbes au passif et on donne la conjugaison du présent, du passé composé à la troisième personne du singulier / du pluriel.

Mise en commun :

il soigne ⇨ il a soigné	ils soignent ⇨ ils ont soigné
il tond ⇨ il a tondu	ils tondent ⇨ ils ont tondu
il fait ⇨ il a fait	ils font ⇨ ils ont fait
il lave ⇨ il a lavé	ils lavent ⇨ ils ont lavé
il carde ⇨ il a cardé	ils cardent ⇨ ils ont cardé
il peigne ⇨ il a peigné	ils peignent ⇨ ils ont peigné
il file ⇨ il a filé	ils filent ⇨ ils ont filé
il met ⇨ il a mis	ils mettent ⇨ ils ont mis

On vient de dresser la conjugaison du présent et du passé composé à la troisième personne du singulier et du pluriel. C'est la voix active. Elle indique l'action que fait le sujet.

Travail par groupes de deux :

On transforme le texte en mettant à la voix active les phrases au passif

Mise en commun :

C'est "on" + le verbe conjugué qui permet de remplacer la voix passive par la voix active.

On établit la conjugaison au passif de "soigner" :

je suis soigné(e)... qui restera sur une affiche en classe.

On rappelle l'accord du participe.

Dans les textes explicatifs, on rencontre souvent la voix passive employée à la troisième personne.

Exercices sur manuel de français :

Identification de la voix passive.

Transformation de la voix active à la voix passive.

Réécriture individuelle en s'aidant de la grille : SÉQUENCE 6

Compétence visée :

utiliser les savoirs acquis pour améliorer son texte.

Matériel :

premiers jets,

grille d'aide à l'écriture établie lors de la séquence 3,

outils de conjugaison.

Démarche :

Le travail est individuel mais deux options sont possibles : l'écriture de l'ensemble du texte ou par étapes.

Evaluation des nouvelles productions en s'aidant de la grille : SÉQUENCE 7

Compétence visée :

vérifier l'adéquation du texte aux critères définis précédemment.

Matériel :

deuxièmes jets,

grille d'aide à l'écriture devenue grille d'évaluation des écrits.

Démarche :

Par groupes, les élèves lisent les productions de leurs pairs et les analysent à la lumière des critères mis en avant. L'auteur a la possibilité de revenir sur son texte pour procéder aux améliorations nécessaires.

Une dernière séquence sera consacrée à la mise en forme définitive, à l'élaboration du panneau.

La déforestation équatoriale

1 "30% de la surface des continents est **encore** recouverte de forêts. Une grande partie de celles-ci se trouve dans les régions équatoriales. Le climat y est particulièrement favorable : la longueur du jour est constante toute l'année, la température moyenne est élevée (plus de 25° C), les pluies sont abondantes et régulières (2 000 à 3 000 mm par an). Ces forêts à feuillage persistant sont d'une extraordinaire diversité. On a pu compter 123 arbres de 87 espèces différentes sur un hectare de forêt amazonienne. Ces massifs forestiers sont parmi les plus anciens de la planète. Situés près de l'équateur, ils n'ont pas souffert des dernières grandes glaciations.

2 **Aujourd'hui** ces forêts vierges sont rongées à leur tour. Outre la récolte de bois de chauffage et l'extension de l'agriculture, les dirigeants de ces pays ont de grands projets : ils y font installer des voies de chemin de fer, des autoroutes, et y favorisent l'agriculture. Face aux bulldozers et aux tronçonneuses, de nombreuses espèces végétales et animales sont menacées **quand** elles ne sont pas à tout jamais détruites. Les arbres qui ont une importance commerciale reconnue sont exploités de façon excessive.

3 Pendant sa croissance, l'arbre a emmagasiné des sels minéraux puisés dans la terre. **S'il** meurt sur place, les micro-organismes vont se nourrir du bois et redonner, à la terre ses éléments nutritifs. Ceux-ci seront **alors** rapidement absorbés par le réseau dense des racines des autres plantes. **Quand** on exporte de grandes quantités d'arbres, le sol finit par s'appauvrir et les végétaux ne peuvent plus y pousser. Le terrain nu devient très fragile. Les eaux de pluie le lessivent. Sur un sol couvert de forêt, les eaux de ruissellement détruisent 20 cm de sol en 170 000 ans. La même épaisseur de terre sur des champs couverts de maïs disparaît en 15 ans seulement.

4 En Amazonie, 20% environ de la forêt a déjà été détruite. **Aujourd'hui** les nouveaux colons plantent des haricots, du manioc ou du maïs sur ces espaces déboisés. **Mais** au bout de deux ou trois récoltes, c'est la famine : la savane qui a pris la place de la forêt est remplacée par le désert : aucune culture n'est plus possible".

In "Histoire et Géographie des climats"
Nathalie Tordjman (Hachette)
cité par Repères n° 72 Paris INRP

Le cacaoyer

Les paragraphes de ce texte sur la fabrication du cacao ont été mélangés. Ecris, dans l'ordre qui convient, les lettres et reconstitue ce texte.

(a) Beaucoup de travail pour l'homme donc. Mais si le climat tropical, chaud et humide, est bénéfique au cacaoyer, il est souvent difficile à supporter pour l'homme.

(b) Après la cueillette, les cabosses sont ouvertes avec une machette puis elles sont évidées : on en retire les fèves et la pulpe.

(c) Le cacaoyer, ou palmier à cacao, est un arbre qui porte toute l'année à la fois des feuilles, des boutons, des fleurs et des fruits.

(d) Après la fermentation, les fèves sont séchées puis entreposées à l'abri de l'humidité. Pendant le séchage, elles sont aussi triées et les restes de pulpe sont éliminés.

(e) Les fèves et leur pulpe sont mises à fermenter en tas sous des feuilles de bananier.

(f) Ces fruits, appelés cabosses, poussent à même le tronc. Elles sont cueillies à la main pour ne pas abîmer les boutons et les fleurs.

D'après Chocolat Show Editions Epigones
In "Expression écrite" CE2
(Nathan)

Le Sommeil

Retrouve les mots manquants :

Quand nous dormons, le cerveau n'est pas inactif. __________ il n'est presque plus en relation avec l'extérieur, il travaille avec les zones de la mémoire. _______ _______ _________nous faisons des rêves ou des cauchemars. Ceux-ci sont indispensables à notre équilibre ____ ils permettent à notre cerveau de sélectionner et de classer les informations reçues pendant le jour. Nous rêvons plusieurs fois par nuit __________ nous ne nous souvenons que du rêve fait au moment du réveil.

Il n'est pas possible d'apprendre en dormant _____ le sommeil renforce les efforts de mémorisation faits pendant la journée. Pendant le sommeil, le cerveau ordonne à des glandes de sécréter des substances appelées hormones. L'une d'entre d'elles permet aux enfants de grandir.

Le cerveau reste vigilant pour nous réveiller en cas d'inconfort : froid, bruit violent, douleur...

In "Bibliothèque du Travail"
(PMF)

(mots manquants non donnés aux élèves : Comme, C'est ainsi que, car, mais, mais.)

Comment prépare-t-on la laine ?

La toison du mouton est soignée pour qu'elle n'ait ni petites bêtes, ni poils durs. Le mouton est tondu au printemps. La tonte est faite à la main avec des ciseaux ou avec une tondeuse électrique.

Dans une toison, il y a plusieurs qualités de laine. On trie la laine tondue. Le tri ne peut se faire qu'à la main. La laine est lavée plusieurs fois pour enlever la graisse, la sueur et les brins d'herbe. Pour démêler les poils, la laine est cardée avec des cardes hérissées de pointes. Elle est ensuite peignée. Une fois lisse, elle est filée. La laine est mise en écheveaux, puis en pelotes ou en bobines.

In "Expression écrite" CE2
(Nathan)

TYPE TEXTUEL EXPLICATIF

PROJET D'ÉCRITURE :

Produire la trace écrite d'une leçon dans le cahier de sciences : le résumé "Le cycle de l'eau".

Planification de l'écrit et premier jet : SÉQUENCE 1

Compétences visées :

se représenter l'écrit à produire,
écrire un premier jet qui réponde au projet.

Matériel :

manuel (A monde ouvert, cycle II, Le vivant, la matière, HACHETTE, page 50 : "de la source à l'eau potable") (document 1).

Démarche :

Leçon proprement dite à partir de la page 50 du manuel.

Ecriture du premier jet :

La consigne est d'écrire le résumé de la leçon. Préalablement, on aura explicité le rôle du résumé (ce qu'il faut retenir). On fera le rapprochement avec d'autres résumés du cahier.

Tris de textes renvoyant au thème de la montagne (poésie, bulletin météo, article de journal, publicité, conte, résumé) : SÉQUENCE 2

Compétences visées :

pratiquer une lecture sélective,
rapporter les textes à leur fonction.

Matériel :

document 2.

Démarche :

Recherche individuelle :

observation des 6 textes,

leur donner un nom ou une fonction.

Mise en commun :

Dans un premier temps, demander de quoi parlent tous ces textes.

Pour chaque texte :

* Qui peut écrire ? Pour qui ? Où trouve-t-on ce type de texte ? A quoi le reconnaît-on ?
* Que dit chaque texte ? Que m'apprend-il ?
* Quel texte se rapproche le plus de ce que nous avons à écrire ?

Conclusion :

On peut parler de la montagne de différentes manières et dans des buts différents. Le texte 6 explique, donne des définitions. C'est un texte de ce type que nous voulons produire.

Etude plus pointue du dernier des 6 textes : le résumé : SÉQUENCE 3

Compétence visée :

dégager les critères de rédaction d'un résumé.

Matériel :

texte 6 (document 2),

texte 6 aménagé (cf : infra).

Démarche :

Travail individuel :

donner un titre au résumé.

Travail en groupes :

mettre les phrases en couleurs, repérer les signes de ponctuation et les majuscules.

entourer les verbes.

les groupes reçoivent ensuite 2 documents différents à partir du texte 6 : le texte seul / le schéma seul. La consigne est de refaire le schéma à partir des informations données dans le texte, de réécrire le texte à partir du schéma.

Mise en commun :

Texte court, phrases courtes : rappeler la notion de phrase (sens, ponctuation).

Présent de vérité.

Présence d'un schéma pour aider à la compréhension du résumé et donner d'autres informations.

Présence du verbe être : notion de définition (comme dans un dictionnaire).

Revoir les résumés du cahier d'éveil et vérifier la présence de ces critères.

Résumé puzzle : SÉQUENCE 4

Compétence visée :

reconstituer un texte.

Matériel :

texte puzzle (document 3).

Démarche :

Travail individuel.

Confrontation en petits groupes.

Mise en commun :

Notion d'agencement du texte : ordre logique des idées développées.

Notion de syntaxe : phrases coupées : pas de sens. Nécessité de faire des phrases "correctes".

Réécriture du résumé sur l'eau : SÉQUENCE 5

Compétence visée :

utiliser les savoirs acquis pour améliorer son premier jet.

Matériel :

premiers jets,

grille des critères (séquence 3).

Démarche :

Le travail se fait en petits groupes de 3 ou 4. Les groupes s'échangent les productions pour validation.

document 1

De la source à l'eau potable
la pluie
la neige
le glacier
la source
la fontaine
la nappe d'eau souterraine
le château d'eau
l'usine de traitement des eaux
le fleuve
la mer

1)

Montagne ! Ô Montagne !
Comme j'aime tes ravins,
Tes torrents, tes sapins.
Montagne ! Ô Montagne !
Je reviens.

2)

PYRÉNÉES - MÉTÉO - PYRÉNÉES

Demain, dimanche 24 janvier, alors que les habitants de la vallée profiteront d'un temps ensoleillé, nos amis de la montagne essuieront une tempête de neige qui durera toute la journée.

Température vallée : + 2°
montagne : - 5°

3)

L'EST ALPIN - dimanche 22 décembre 1995 - 6 F 75

AVALANCHE EN MONTAGNE

Hier, l'équipe de sauveteurs de la station de ski des Gets a eu fort à faire. En effet, de jeunes skieurs imprudents ont pratiqué le hors-piste malgré l'interdiction en vigueur. Cette désobéissance a failli leur coûter la vie, car l'avalanche qu'ils ont provoquée, les a bloqués durant douze heures au pied d'un ravin. Les sauveteurs ont dû les évacuer en hélicoptère.

4)

EVIAN

NATURELLEMENT

5)

Alexis et le Dragon

Il était une fois, dans un pays enchanté, un dragon qui vivait tout en haut d'une montagne. Dans cette montagne, était cachée une mine de diamants. Mais à cause du dragon, personne ne pouvait accéder à ce trésor. Alors le roi de ce pays enchanté promit sa fille en mariage à tout homme capable de tuer le monstre et de rapporter un sac de diamants.

Un jour, Alexis, un sorcier venu d'ailleurs, demanda à voir le roi...

6)

apprenons

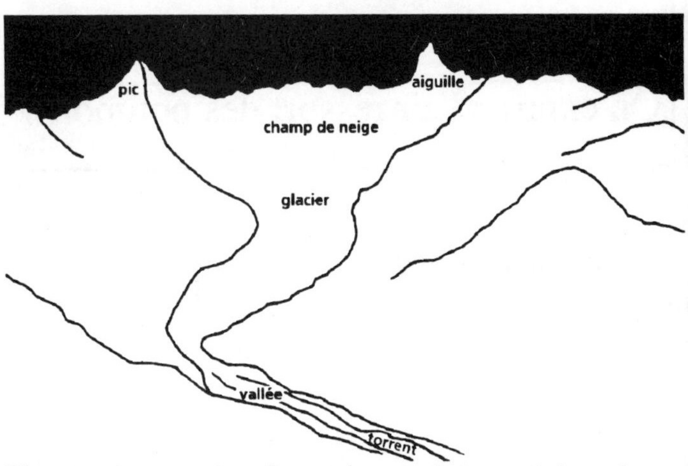

Une montagne est un énorme amas de terre et de rochers. Un pic, une aiguille sont des sommets pointus. Un glacier est une énorme masse de glace formée sur la montagne. Un col est un passage entre deux sommets.

Résumé puzzle

L'air peut être pollué par les fumées d'usines.

la respiration se fait

LA RESPIRATION

On inspire : les poumons se gonflent.

a besoin d'air.

par les poumons.

On expire : l'air ressort des poumons.

Pour vivre l'homme

Chapitre V

TYPE TEXTUEL INJONCTIF

ÉCRITS POUR FAIRE

QUELS ÉCRITS DANS LE CORPS SOCIAL

- recettes,
- modes d'emploi,
- règles du jeu,
- fiches techniques,
- règlements,
- consignes.

PROJETS D'ÉCRITURE DANS LA CLASSE

- des fiches destinées à alimenter les classeurs "recettes", "fiches techniques", "règles du jeu"... de la BCD,
- des affiches (règlements, consignes, modes d'emploi d'appareils audiovisuels par exemple),
- des livrets rassemblant des recettes, des règles du jeu en EPS,
- le journal de l'école.

LIRE

- lecture d'écrits sociaux visant à dégager les critères de l'écrit à produire selon le projet de la classe,
- tris de textes de types différents afin de dégager les critères du type textuel injonctif comparativement à d'autres,
- tris de textes appartenant au seul type textuel injonctif afin que les élèves perçoivent que des écrits sociaux différents renvoient à un même type de textes (recettes, modes d'emploi...),
- tris de textes sur le seul type d'écrit social visé (recettes / règles du jeu...) afin de multiplier les critères de réalisation de l'écrit à produire.

CONSTRUIRE DES APPRENTISSAGES

- infinitif,
- impératif : deuxième personne du singulier,
deuxième personne du pluriel,
- présent de l'indicatif : je / tu / on / vous,
- passage d'un mode d'énonciation à l'autre,
- repérage des organisateurs textuels : d'abord, puis, ensuite...

- phrase nominale / phrase verbale,
- cahiers lexicaux autour d'un thème (la cuisine par exemple),
- textes puzzles à remettre en ordre,
- lignes brouillées à réorganiser,
- association images / texte.

METTRE EN PAGE

- titre,
- rubriques : matériel / réalisation } correspondant à des paragraphes structurés,
- informations hiérarchisées (tirets, points...),
- schémas possibles.

TYPE TEXTUEL INJONCTIF

PROJET D'ÉCRITURE :

Écrire la fiche technique de réalisation d'un mobile.

Définition du projet et écriture du premier jet : SÉQUENCE 1

Compétence visée :

produire un écrit adapté à une situation.

Matériel :

1 dictionnaire,
1 feuille,
1 crayon,
cahier de textes de référence.

Démarche :

Activité collective orale :

cerner les paramètres de la situation de production,
destinataire : la classe de CE1,
but : réalisation par les CE1 de mobiles semblables à ceux que nous avons faits.

Activité individuelle écrite :

production des premiers jets.

Tri de documents : SÉQUENCE 2

Compétences visées :

dégager les critères du type textuel injonctif comparativement à d'autres.

Matériel :

des lettres,
des BD,

de la publicité,
des règles du jeu,
des fiches techniques,
des poèmes,
des textes documentaires,
des recettes,
des feuilles grand format,
des étiquettes (désignations des documents) (document 1).

Démarche :

Activité de recherche par groupe de 4 élèves :

Chaque groupe reçoit des documents et 4 feuilles grand format. La consigne est de classer les documents en collant ensemble ceux qui relèvent de la même "famille".

G1 et G2	**G3**
fiches techniques BD règles du jeu textes documentaires	fiches techniques publicités poèmes lettres
G4	**G5 et G6**
fiches techniques histoires textes documentaires publicités	fiches techniques recettes BD poèmes

Mise en commun

1 représentant de chaque groupe présente le travail :
validation (erreurs ou non dans la classification),
nature et fonction de chaque catégorie,
coller un titre sur chaque feuille grand format (BD, poèmes...).

Analyse d'écrits sociaux : SÉQUENCE 3

Compétence visée :

dégager les éléments constitutifs des fiches techniques.

Matériel (pour 2 élèves) :

3 fiches techniques (documents 2, 3, 4),

1 liste d'éléments constitutifs appartenant à différents types d'écrits (ingrédients, signature, titre...) (document 5),

1 feuille légende (pour la trace écrite).

Démarche :

Lecture de la liste et sélection des éléments constitutifs des fiches techniques en s'aidant des supports proposés :
Le travail est individuel.

Correction collective

Mise en valeur des éléments constitutifs des trois fiches techniques :

Elle se fait par réalisation d'une affiche reprenant la silhouette de chaque fiche avec les différents blocs. La recherche s'effectue en 6 groupes (2 groupes travaillant sur la même fiche).

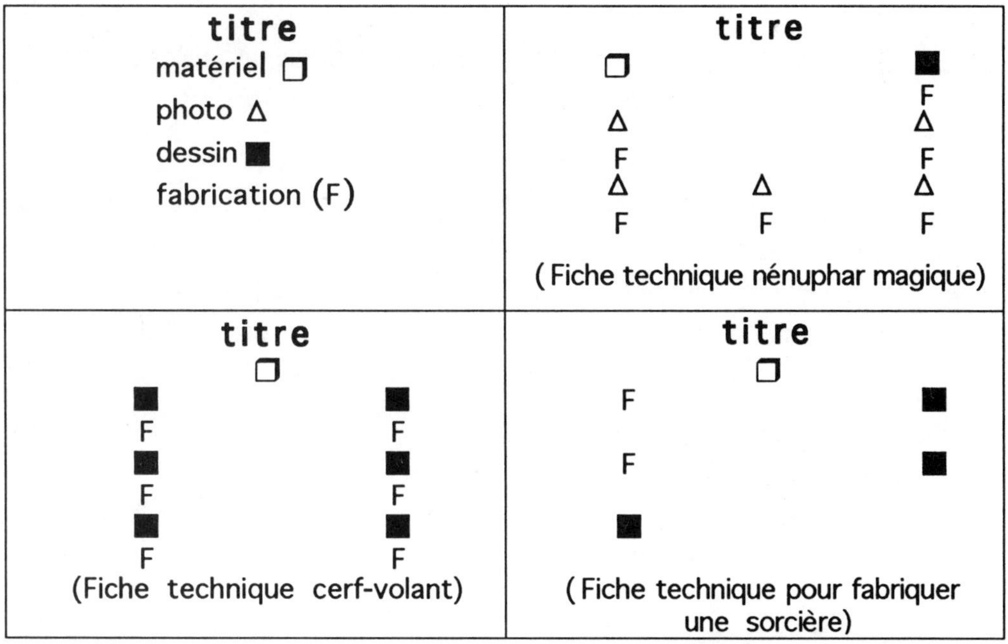

Mise en commun.

Séquence décrochée de conjugaison : l'infinitif : SÉQUENCE 4

Compétence visée :

utiliser l'infinitif pour écrire sa fiche technique.

Matériel :

tableau,

papier affiche,

documents 2, 3, 4,

cahier de brouillon, manuel de français.

Démarche :

Travail collectif oral :

Le maître propose une phrase, les entrées. Les élèves reprennent systématiquement.

Avoir peur. Vous ? ⇨, Tu ? ⇨, Pierre ? ⇨, Les enfants ? ⇨, Paul et moi ? ⇨, Je ? ⇨,

Aller au cinéma. Vous ? ⇨, ...

Jouer au ballon. Vous ? ⇨, ...

Un élève peut à son tour proposer la phrase de départ et les entrées.

Travail collectif au tableau :

Le maître reprend à l'écrit 2 ou 3 verbes travaillés oralement de manière à obtenir le paradigme.

Remarque : quand le sujet change, le verbe change aussi.

Les verbes ont un nom : pour les nommer, on se sert de l'infinitif.

Recherche en groupes :

trouver le plus de verbes possibles en temps limité,

trouver les verbes utilisés dans les documents 2, 3, 4 et les mettre à l'infinitif quand ils ne le sont pas.

Exercices individuels :

sur manuel utilisé en classe.

Réécriture du premier jet : SÉQUENCE 5

Compétences visées :

synthétiser les savoirs acquis,
repérer les dysfonctionnements dans les premiers jets,
améliorer son texte.

Matériel :

premiers jets,
silhouettes des fiches techniques (séquence 3),
cahier de conjugaison.

Démarche :

Il s'agit de réécrire son texte en s'inspirant de l'une des trois affiches par la mise en page et en choisissant le présent ou l'infinitif.

Evaluation : SÉQUENCE 6

Compétence visée :

relire son texte pour en repérer les dysfonctionnements éventuels.

Matériel :

deuxième jet,
grille d'évaluation.

Démarche :

Chaque élève reçoit son texte et le relit à l'aide du tableau ci-dessous.
Des améliorations sont apportées si nécessaire.

Auto-évaluation :

chaque élève complète un tableau du type suivant :

	OUI	NON
Il y a un titre.		
Il y a la liste du matériel.		
Il y a des dessins.		
Il y a des explications.		
Les explications sont claires.		
La fiche est terminée.		

Evaluation par les destinataires :

Fournir toutes les productions aux CE1.

Fabrication des mobiles à partir des productions des CP.

Retour vers les auteurs si besoin est.

des recettes

des BD

des lettres

de la publicité

des règles du jeu

des documentaires

des poésies

des histoires

des fiches techniques

document 2

LE NÉNUPHAR MAGIQUE

MATERIEL
- une paire de ciseaux,
- du papier canson blanc,
- du papier calque,
- une bassine remplie d'eau,
- des feutres,
- un crayon à papier.

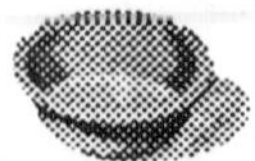

Voici le modèle du nénuphar.

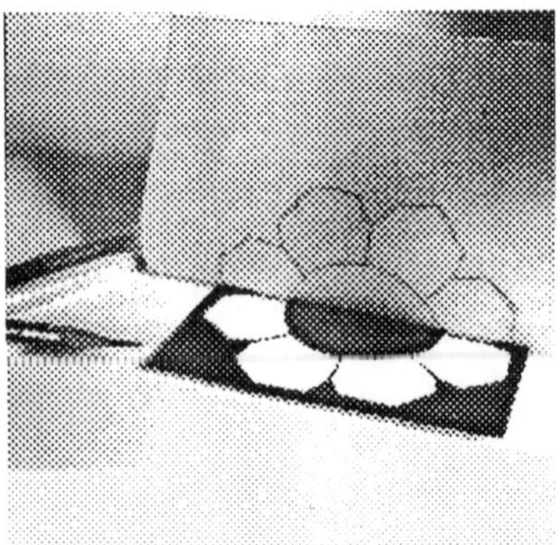

1. Décalque la fleur sur du papier blanc.

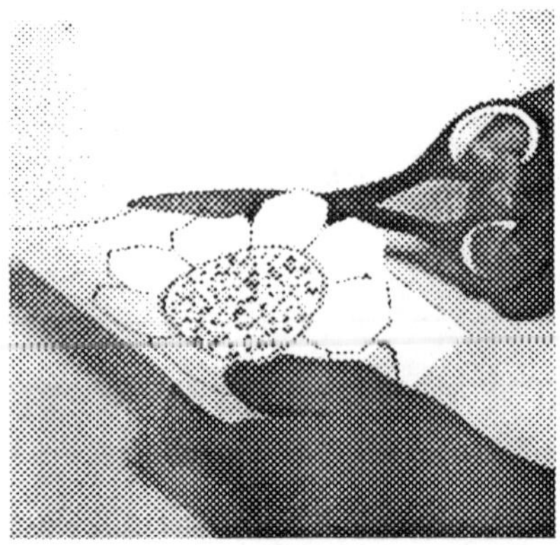

2. Découpe ta fleur.

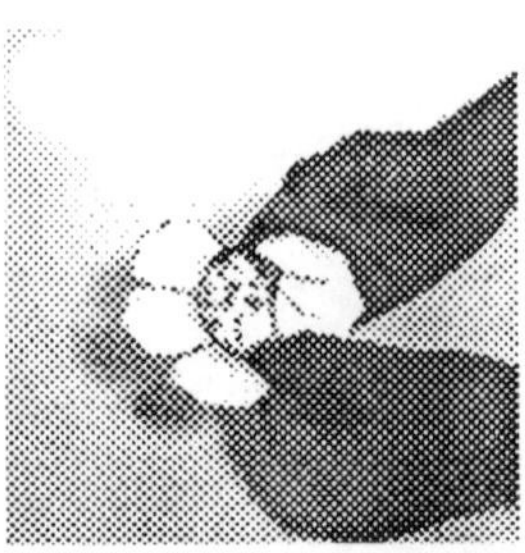

3. Replie ses pétales comme sur le modèle.

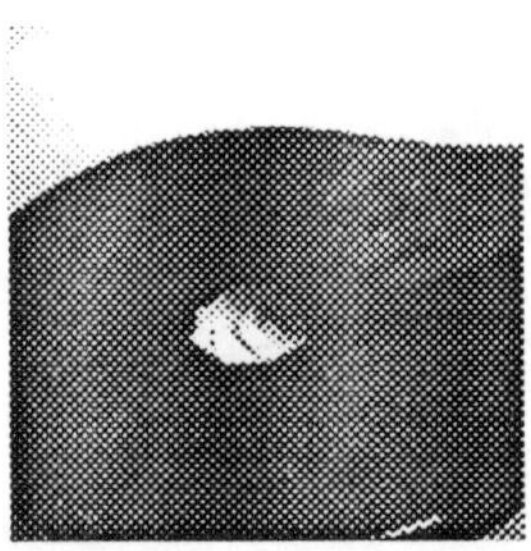

4. Pose-la sur l'eau.

5. En deux minutes, elle s'ouvre !

D'après, J. Magazine, P.E.M.F. Mouans Sartoux
in "lecture en fête" (Hachette)

Le cerf-volant

de la ficelle,
des ciseaux,
du ruban adhésif,
un carré de papier fort (du papier dessin),
une bande de papier léger (du crépon par exemple).

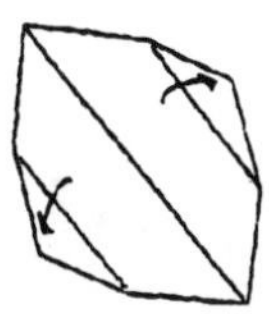

Plie la feuille en deux par le milieu.

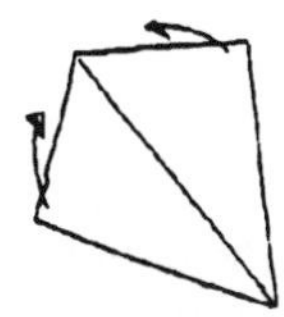

Replie comme ceci des deux côtés.

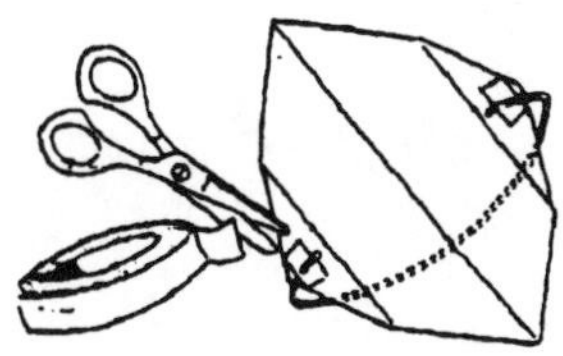

Colle une ficelle aux deux côtés du cerf-volant.

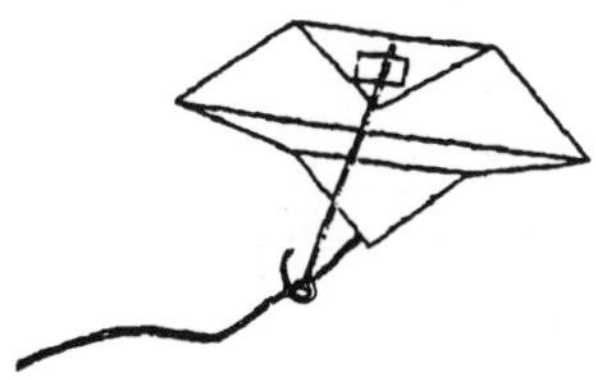

Attache une grande ficelle au milieu de la petite.

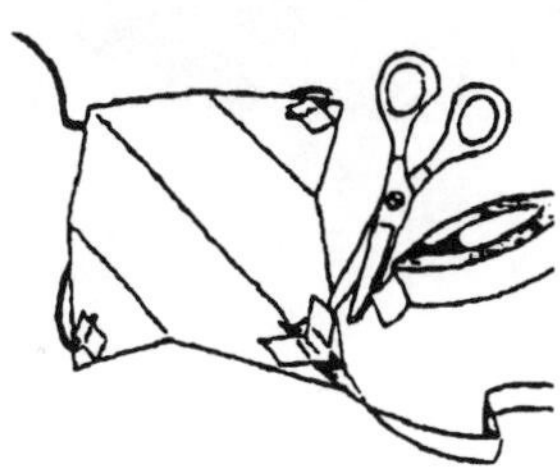

Colle la bande de papier au cerf-volant.

Ton cerf-volant est prêt.

Pour fabriquer une sorcière

Il faut :
- un carré de tissu de couleur claire ;
- un carré de tissu de couleur noire ou foncée ;
- une grosse boule de coton ;
- une branche fine bien droite ; } pour le balai.
- des brins de paille ; } pour le balai.
- des brins de ficelle ;
- de la laine ;
- de la colle ;

Comment faire ?

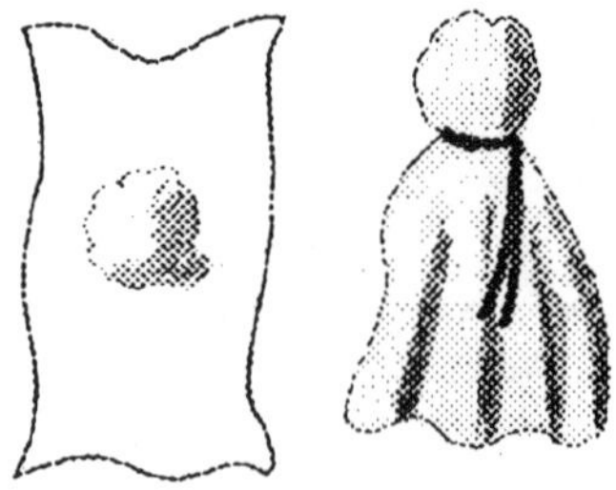

- Mettre la boule de coton au milieu du tissu de couleur claire.

- Rabattre le tissu et attacher autour de la boule avec la laine.

- Nouer les deux pointes du carré en haut pour faire les mains.

- Coller des brins de ficelle sur la tête pour faire les cheveux.

- Dessiner les yeux et la bouche

in "Paginaire"
(Hachette)

Entoure ce qu'il y a dans les fiches techniques

le matériel

un titre

l'adresse

des photos

le prix

les ingrédients

des dessins

la fabrication

la cuisson

la température

une signature

la date

le nom de l'auteur

TYPE TEXTUEL INJONCTIF

PROJET D'ÉCRITURE :

La règle du jeu.

Point de départ :

Lors de la récréation, nous assistons à de nombreux conflits qui se déclarent au cours de jeux collectifs tels que le jeu de billes ou de pogs. Ce conflit sera donc notre point de départ. Il provoquera la nécessité d'établir une règle du jeu commune à tous.

Il convient de mettre l'enfant dans un bain de textes de type injonctif. Il lui sera donc demandé de trier des textes de ce type : des recettes, des modes d'emploi, des règlements, des règles du jeu concernant un jeu de société ou de hasard ou un sport...

A la suite de ce tri, nous engageons les poursuites vers l'écrit qui nous intéresse plus précisément : la règle du jeu.

Tri de textes injonctifs : SÉQUENCE 1

Compétences visées :

opérer un classement des textes que l'on peut associer, autrement dit rapporter les textes à leur fonction (visée pragmatique),

argumenter pour justifier le classement choisi,

dégager les premiers critères de réalisation d'une règle du jeu (présentation, mise en page, paragraphes, chronologie, interdits, devoirs, obligations...)

Matériel :

papier affiche,

tableau,

corpus de documents 1.1 à 1.5 :

- 2 règlements : code de la route, protection de la nature,
- 2 consignes : à la cantine, en classe,
- 2 fiches techniques : fabriquer un robot, un moulin,
- 2 recettes : avec ou sans illustration, utilisant l'impératif et l'infinitif,
- 2 règles du jeu : jeu de société, jeu sportif.
- 2 modes d'emploi : calculatrice, mixeur

Démarche :

Recherche individuelle :

Chaque élève reçoit une batterie de textes numérotés.

La consigne est de classer ensemble les textes qui se ressemblent en disant pourquoi on les a mis ensemble.

Confrontation en petits groupes :

La consigne est de comparer les classements individuels et de se mettre d'accord pour aboutir à un seul classement par groupe (sur affiche).

On cherche un titre à chaque ensemble.

Mise en commun collective et discussion.

Synthèse :

Tous ces textes sont des textes pour faire quelque chose (une recette, un objet, un jeu).

Observation collective des règles du jeu :

La consigne, à ce stade du travail, est de formuler toutes les remarques que l'on peut faire sur les règles du jeu du corpus (titres, rubriques possibles, schémas, présentation...) Ces remarques seront recensées au tableau et serviront de guide à la rédaction.

Planification de l'écrit : SÉQUENCE 2

Compétences visées :

se représenter la situation de production (destinataire du produit, énonciateurs, but visé),

se représenter le produit fini (mise en page, type d'écrit),

adapter sa production au projet.

Matériel :

règles du jeu de la séquence 1,

tableau.

Démarche :

La séquence est collective :

Echange oral sur les paramètres de la situation de production :

- Qui écrit ? La classe ;
- Pour qui ? Pour les enfants de l'école, les correspondants ;
- Pourquoi ? Pour avoir une règle commune qui évite les conflits ;
- Quel type d'écrit ? Une règle du jeu ;
- Quel support choisi ? Des fiches individuelles ;
  Des affiches pour l'école ;
  Des affiches pour le journal de l'école ;
- Que savons-nous des règles du jeu ?

On peut ici revenir aux outils utilisés lors de la séquence 1 et faire ressortir quelques points :

nom du jeu,
matériel,
déroulement du jeu (état initial, état final),
but du jeu,
mise en page.

Ecriture individuelle du premier jet.

Suite à l'écriture de ce premier jet, il convient d'expérimenter la règle. Suite à cette expérimentation, nous analyserons les manques et les dysfonctionnements qui se sont fait ressentir. Mais il est également important de voir ce qui a bien fonctionné, afin de ne modifier que ce qui est nécessaire.

Cette discussion débouchera sur la nécessité d'une réécriture.

Examen des premiers jets : SÉQUENCE 3

Compétences visées :

analyser les écrits produits afin d'en repérer les dysfonctionnements éventuels.

Matériel :

les premiers jets.

Démarche :

Les élèves sont répartis en groupes hétérogènes de 4 et mettent à l'épreuve des faits les textes produits. La consigne est de jouer en suivant scrupuleusement les indications données par écrit afin d'identifier les problèmes posés.

Réécriture individuelle en tenant compte des points soulevés préalablement : SÉQUENCE 4

Remarque :

pour l'heure, la réécriture ne porte que sur l'aspect pragmatique. On observe si la règle fonctionne à l'épreuve des faits.

Confrontation des écrits produits avec des écrits sociaux pour affiner les critères : SÉQUENCE 5

Compétences visées :

comparer des textes appartenant au même type textuel et au même genre d'écrit,

dégager des critères de réalisation en vue d'enrichir les productions.

Matériel :

des règles de jeux individuels,
des règles de jeux de société,
des règles de jeux sportifs,
des règles de jeux mathématiques,
} (documents 2.1 à 2.2)

1 fiche d'aide à l'observation (document 3).

Démarche :

Recherche en petits groupes :

Les élèves sont répartis en groupes hétérogènes de 4. La consigne est d'observer les textes à l'aide d'un tableau fourni.

Mise en commun collective et recensement des critères dégagés (document 4)

Séquence décrochée de lecture (textes puzzles) : SÉQUENCE 6

Compétences visées :

pratiquer une lecture sélective,

s'appuyer sur les indices sémantiques pour ordonner un texte,

justifier son point de vue.

Matériel :

texte : association d'idées (document 5).

Démarche :

Travail individuel :

Chaque élève reçoit une copie du texte dont les morceaux ont été mélangés. La consigne est de remettre le texte en ordre.

Confrontation en petits groupes de 4 :

Il s'agit de comparer les réponses à l'intérieur des groupes et de se mettre d'accord sur une seule réponse.

Mise en commun collective.

Séquence décrochée de grammaire, l'emploi de la négation : SÉQUENCE 7

Compétences visées :

distinguer formes affirmative et négative,

passer de l'une à l'autre.

Matériel :

tableau,

manuel de français.

Démarche :

Travail collectif :
A l'oral, la maître pose une question appelant une réponse commençant par "Non, ..."

- Vas-tu à l'école le mercredi ? Non, ...
- Te couches-tu tard le soir ? Non, ...

...

A l'écrit, on reprend quelques phrases-questions et on écrit en parallèle forme affirmative et forme négative.

L'une dit oui et l'autre non. On les appelle phrases affirmative et négative.
Dans la phrase négative, il y a une négation : ne ... pas
n'... pas.

Recherches en groupes :

Transformer des phrases affirmatives en phrases négatives (manuel),

Retrouver la phrase affirmative à partir de la phrase négative (manuel),

Ecrire ce qui est permis / défendu en classe.

Pour tous les groupes :

Ecrire les interdictions pour le jeu de pogs.

Exercices écrits individuels (manuel).

Réécriture finale : SÉQUENCE 8

Compétences visées :

réécrire son texte en tenant compte des critères mis à jour,

relire son texte et procéder à une première évaluation.

Matériel :

deuxièmes jets,

grille d'aide à l'écriture (document 4).

Démarche :

Travail individuel d'écriture.

Possibilité de relecture individuelle,
par un pair,
par groupes.

document 1.1

A

RÉGLEMENTATION DE LA ZONE CENTRALE

Le Parc national de la Vanoise, créé pour vous, ne peut être sauvegardé sans votre aide.

Il vous est demandé :

- de suivre les sentiers et de ne pas "couper" les lacets à la descente ;

- de ne pas cueillir ou prélever fleurs, fruits, minéraux (si vous faites des photos de fleurs, prenez soin de la végétation environnante, afin de ne pas laisser de trace de votre passage) ;

- de ne pas troubler la tranquillité des lieux par des bruits, cris ou appareils sonores ;

- de ne pas amener de chien, même tenu en laisse ;

- de remporter tous vos détritus, même lors de votre passage dans un refuge ;

- de ne pas camper (cependant l'usage de tentes légères est toléré autour de quelques refuges en juillet et août, sous certaines conditions et moyennant redevance) ;

- de ne pas allumer de feux.

in "Paginaire" CE1
(Hachette)

B

Entraîne-toi :

Parmi les quatre phrases suivantes, entoure le résumé de cette partie de l'histoire.

Le propriétaire voulait vendre le vieux bateau.
Joseph était le propriétaire du vieux bateau.
Le vieux bateau s'appelait Joseph.
Le propriétaire veut démolir Joseph, le vieux bateau.

Choisis le titre qui convient le mieux à ce résumé. Coche la bonne réponse.

Le propriétaire du vieux Joseph. ❒
Joseph est menacé. ❒
Joseph a des rhumatismes. ❒

in "Le livre miroir" CP
(Magnard)

A

Les panneaux, il y en a plein les routes et les rues. Ils te signalent ce que tu as le droit de faire ou pas. Vérifie que tu les connais tous.

Danger !
Virage à droite !

Tu vas rencontrer des feux de signalisation

Attention !
Travaux !

Obligé d'aller tout droit.

Danger !
Les véhicules circulent dans les 2 sens !

Tu as la priorité.
On doit te laisser passer.

in "Astrapi"
(Bayard)

B

Mode d'emploi

Gebruiksaanwijzing

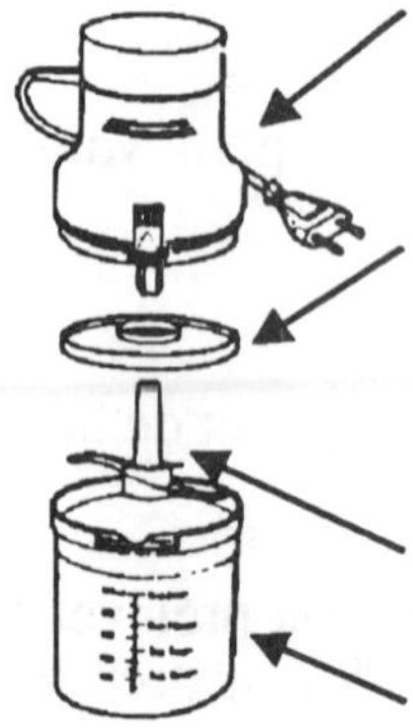

1. **Bloc moteur**
Motorblok

2. **Coupelle utilisation conseillée pour toute préparation**
Bekertje.
Onontbeerlijk voor alle aftemingen

3. **Couteau**
Mes

4. **Bol**
Kom

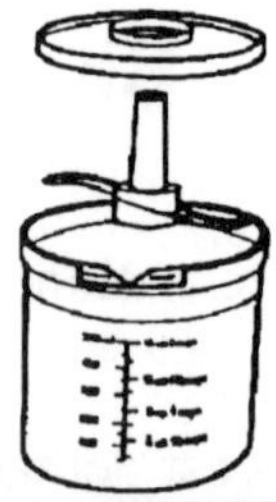

Mettre le couteau en place. Mettre les ingrédients et la coupelle d'étanchéité. Ne pas dépasser le niveau maxi.

Het mes aanbrengen. De ingrediënten en het afdichtbekertje aanbrengen. Niet het maximumpeil overschrijden.

Poser le bloc moteur sur le bol, le logo SEB au dessus de l'encoche.

Pour mettre en marche, tourner le bloc-moteur d'un côté ou de l'autre.

Het motorblok op de kom aanbrengen, het embleem boven de inkoping.

Om aan te zetten, het motorblok naar de ene of de andere zijde draaien.

notice SEB

C

TARTE AU CHOCOLAT

Il faut :
de la pâte à tarte,
25 cl de crème liquide,
30 cl de lait,
200 g de chocolat à cuire,
1 œuf.

1. Étaler la pâte. Faire précuire 10 min à four chaud.
2. Faire bouillir le lait et la crème.
3. Casser le chocolat en morceaux et faire fondre dans le lait.
4. Ajouter l'œuf battu. Verser sur la pâte.
5. Mettre au four 20 min. Décorer de Smarties.

A

MUGGINS

Joueurs : 2, 3 ou 4 ; **Matériel** : 28 dominos.

Préparation du jeu :

Les joueurs tirent d'abord un domino, pour déterminer celui qui commence. Les dominos sont remis dans le tas et mélangés à nouveau. Puis chaque joueur choisi 5 dominos, qu'il ne montre pas.

Les dominos restant sur la table constituent la pioche.

Marche du jeu :

Chaque joueur, à tour de rôle, pose un domino en respectant les règles traditionnelles : tout nouveau domino ne peut être ajouté à l'une des extrémités du jeu qu'à condition que les deux parties de dominos qui se touchent aient un nombre identique. Les dominos doubles doivent être toujours placés en travers.

Quand l'un des joueurs ne peut plus poser de domino, il pioche jusqu'à ce qu'il tire un domino qui convienne.

Une fois qu'un joueur a posé son domino, il compte les points totalisés par les deux extrémités du jeu. Si le total est 5, ou un multiple de 5, le joueur l'annonce et marque alors autant de points qu'il y a de fois 5 dans ce total.

Lorsque c'est un domino simple qui fait l'extrémité du jeu, le joueur ne compte que le nombre de points de sa partie la plus extrême.

Dans le cas d'un domino double, bien entendu toujours mis transversalement, il comptabilise l'ensemble des points indiqués sur le domino.

Fin du jeu :

Le jeu s'arrête dès qu'un joueur pose son dernier domino, ou lorsque tous les joueurs ont passé leur tour, aucun ne pouvant plus poser de domino.

Une partie se joue en général en 31 points. Le vainqueur de la partie est celui qui le premier atteint ce score. Il faut souvent plusieurs manches pour le réaliser.

in "Encyclopédie des jeux"
(Nathan)

B Cake à la banane et aux raisins secs

Cuisson : 75 min au four à thermostat 4.

Ingrédients : 2 bananes, 2 œufs, 100 g de beurre fondu, 225 g de farine, 50 g de sucre, 100 g de raisins secs, 1/2 verre de lait.

Ustensiles : un verre, une assiette, une fourchette, un bol, un fouet, un moule à cake.

Mets le mélange dans un moule à cake beurré.

Fais cuire.

in "Expression écrite" CII
(Nathan)

C A la cantine

Afin que le repas se déroule dans de bonnes conditions et soit agréable pour tous, il faut :
- se laver les mains avant le repas ;
- se ranger en silence ;
- entrer calmement dans la salle à manger ;
- attendre que tout le monde soit installé avant de commencer ;
- manger proprement ;
- chuchoter ;
- ranger la vaisselle au bout de la table à la fin du repas ;
- sortir tranquillement.

in "Le livre miroir" CE1
(Magnard)

A

LE ROBOT

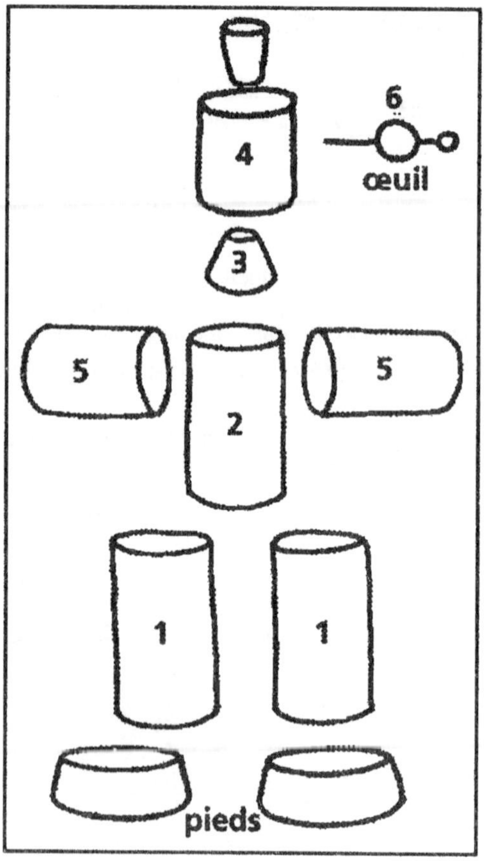

Matériel

. 6 bouchons cylindriques,
1 bouchon plus petit,
1 très petit.

. 2 bouchons plats,
(ou 2 rondelles de gros bouchons).

. Des perles, épingles à tête de verre, clous dorés, etc.

Réalisation

1. Coller les 2 bouchons formant les jambes sur les rondelles qui forment les pieds.
2. Coller le bouchon-corps sur les jambes.
3. Coller le petit bouchon, qui forme le cou.
4. Si le bouchon-tête vous paraît un peu long, le recouper, puis le coller sur le cou.
5. Coller le petit bouchon au sommet de la tête, coller les bras.
6. Piquer les yeux qui sont 2 épingles à tête de verre enfoncées dans 2 perles. Terminer la décoration avec les perles, clous dorés, etc.

in "Guide de lecture"
(Gallimard)

B

. Appuyer sur la touche ON pour mettre en marche.

. Appuyer sur les touches de chiffres pour écrire le premier nombre.

. Appuyer sur la touche du signe de l'opération à faire.

. Appuyer sur les touches de chiffres pour écrire le deuxième nombre.

. Appuyer sur la touche = pour obtenir le résultat.

. Appuyer sur la touche OFF pour éteindre la calculatrice.

in " Expression écrite" CII
(Nathan)

C La course des crabes

Nombre de joueurs: 4 équipes de 6 joueurs.

Matériel : 4 chaises.

But du jeu : l'équipe qui a terminé la première a gagné.

Règle du jeu : Les joueurs se déplacent en se tenant les chevilles. Le joueur 1 démarre, tourne autour de la chaise puis il revient et touche le joueur 2. Il va ensuite se placer derrière le joueur 6.

in "Le livre miroir" CP
(Magnard)

Un moulin pour ton vélo

Il te faut :

- un carré de papier solide (20 sur 20),
- un clou très fin,
- un bâton d'environ 30 cm,
- une paire de ciseaux,
- un crayon,
- une règle et un marteau.

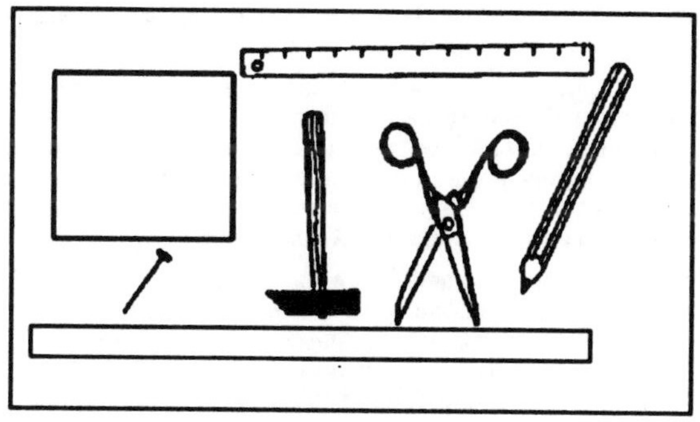

Fabrication :

1. Avec un crayon et la règle, trace les diagonales du carré.

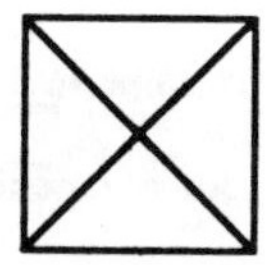

2. Avec les ciseaux, coupe le papier jusqu'à 2 cm du centre.

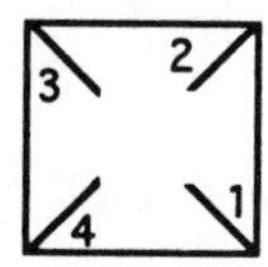

3. Tu as 8 coins. Tu replies les coins 1, 2, 3, 4 sur le centre. Tu les fixes à l'aide du clou.

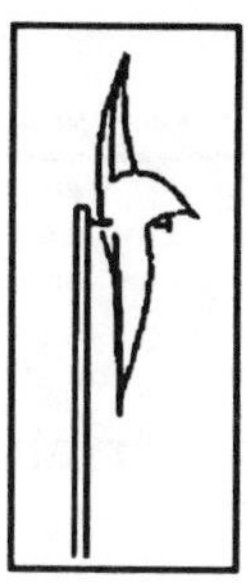

4. Avec le marteau, enfonce le clou dans le bâton.

Et voilà ton moulin.

Cours pour le faire tourner.

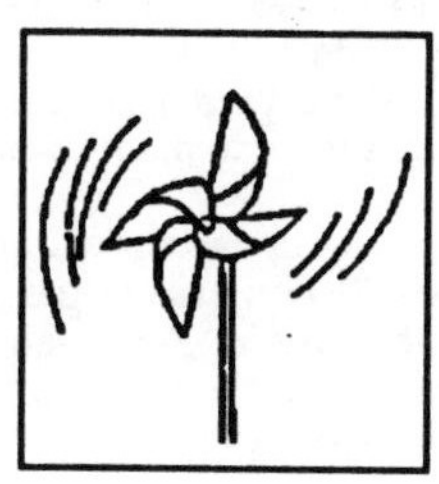

in "Lecture plus"

(Accès)

A Le jeu du Cochon

Chacun des joueurs, en nombre quelconque, est muni d'une feuille de papier. Le jeu consiste à tracer sur cette feuille, au fur et à mesure des points amenés par les dés, les différentes parties du corps d'un cochon. Le gagnant est évidemment celui qui parvient à obtenir le premier le dessin complet.

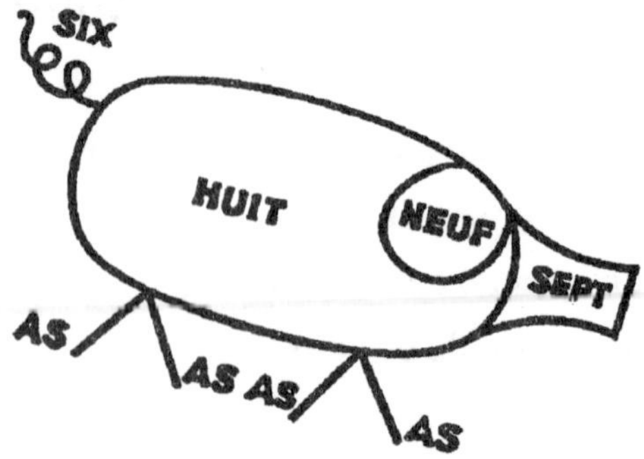

Ce jeu comporte bien des variantes dont certaines ont l'inconvénient de rendre parfois la partie trop longue. Tout en adoptant la suivante, on peut très simplement choisir un autre mode de désignation du gagnant. Il suffit de convenir qu'après avoir procédé au "montage" le joueur devra démonter son cochon entièrement pour gagner.

L'ordre des joueurs ayant été fixé par le sort, le premier fait rouler des dés. S'il amène le total correspondant au corps, soit 8, il trace le corps sur sa feuille et relance les dés. Il joue alors pour le groin et doit obtenir 7. En cas de succès, il joue pour l'oreille, etc. Au premier échec, les dés passent au joueur suivant et à chaque tour on tente d'obtenir le point manqué précédemment.

Comme l'indique la figure, on peut adopter les correspondances suivantes :

Le corps : 8
Le groin : 7
L'oreille : 9
La patte : As. Chaque as permet de tracer une patte. La sortie de deux as donne donc droit à deux pattes.
La queue : 6

Le "démontage", éventuellement, doit se faire dans l'ordre inverse : d'abord le 6, puis les as, etc.

in "Tous les jeux de dés"
Bornemann (Paris)

B Nain Jaune (JEUJURA)

Joueurs : 3 et plus
Matériel : 1 jeu de 52 cartes - des jetons - le plan du jeu où sont représentées les "belles" cartes : le Dix de Carreau - le Valet de Trèfle - la Dame de Pique - le Roi de Cœur et au centre le Sept de Carreau ou Nain Jaune.
But du jeu : Etre le premier à se débarrasser de toutes ses cartes.
Règle : Chaque joueur dépose respectivement ses jetons sur les belles cartes du jeu. (Tableau 1)
Le donneur, tiré au sort, distribue les cartes trois par trois (Tableau 2). Le joueur placé à droite du donneur commence la partie. Il réalise une suite ou série la plus longue possible sans tenir compte de la couleur de ses cartes et dans l'ordre ascendant. Lorsqu'il ne peut plus continuer la série, il passe son tour en annonçant la carte manquante (exemple : "sans dix").

TABLEAU 1

Case	Jetons
Nain Jaune	5
Roi de coeur	4
Dame de pique	3
Valet de trèfle	2
Dix de carreau	1

TABLEAU 2

JOUEURS	3	4	5	6	7	8
CARTES	15	12	9	8	7	6
TALON	7	4	7	4	3	4

Le joueur suivant se défait de la carte manquante et continue la série. Il répète l'annonce, s'il ne possède pas la carte. Si aucun adversaire ne peut continuer la série, le joueur recommence une nouvelle suite. Au cours de la partie, le joueur qui pose une belle carte encaisse la mise correspondante.
Gagnant : le joueur qui se débarrasse le premier de toutes ses cartes gagne. Les joueurs abattent leurs cartes et payent au vainqueur un jeton par carte restante et doublent la mise pour les belles cartes.
Un joueur fait le "Grand Opéra" quand il se débarrasse au premier coup de toutes ses cartes et gagne toutes les mises du jeu.

C BALLON CHASSE

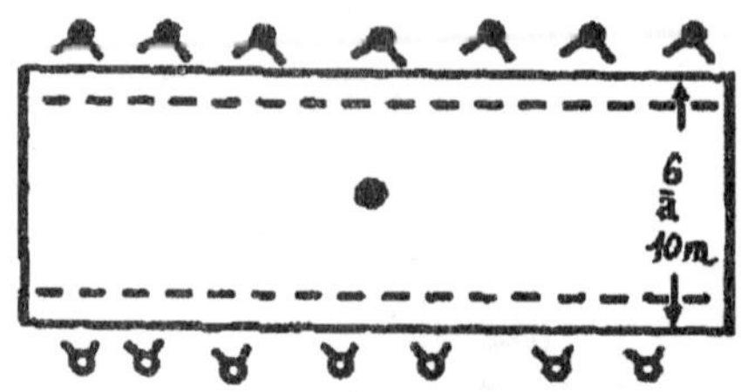

Une balle par élève - un ballon - 2 équipes - Adapter la longueur du terrain au nombre d'enfants.

Pour chaque équipe il s'agit de tirer sur le ballon pour le faire rouler jusqu'au camp adverse.

Remarque : dans le cours du jeu les balles provenant du camp adverse sont récupérées pour être réutilisées.

in "L'activité physique de l'enfant"
(Amicale EPS)

D

Jouer avec les couleurs

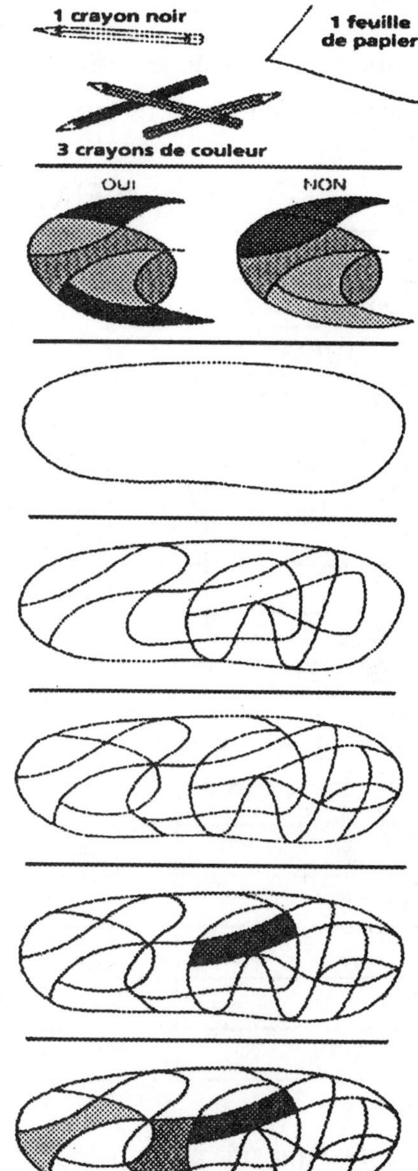

Matériel nécessaire :
1 feuille de papier,
1 crayon noir,
3 crayons de couleur.

Nombre de joueurs :
3 au maximum

But du jeu :
Colorier avec 3 couleurs différentes toutes les cases d'un espace fermé.

Règle du jeu
2 cases qui se touchent par un côté ne doivent pas être de la même couleur.

Consignes :
Pour préparer le jeu :
- . Dessiner avec le crayon noir un espace fermé.
- . Dans cet espace, tracer, toujours au crayon noir, des lignes qui s'emmêlent et se croisent.
- . Relier ces lignes pour obtenir des cases fermées.

Pour jouer :
- . Le premier joueur colorie n'importe quelle case.
- . Le joueur suivant colorie une autre case (avec la même couleur ou une autre).
- . Au tour suivant, on joue de la même façon, et ainsi de suite.

Le jeu est arrêté :
- . Quand il n'y a plus du tout de cases à colorier, c'est gagné !
- . Quand il reste des cases blanches que l'on ne peut plus colorier, c'est perdu !

in "C'est à lire" CE1
(Hachette)

QUESTIONS SUR LES RÈGLES DU JEU

1) Comment la règle du jeu est-elle présentée ?

Remplis ce tableau correctement et, si tu le peux, invente des autres rubriques :

	NUMÉROS DES RÈGLES DU JEU
titre	
paragraphes	
tirets	
numéros	
•	
•	
•	
•	
•	

2) Entoure les grandes parties des règles du jeu et essaie de leur donner un titre

n°	n°	n°	n°
•	•	•	•
•	•	•	•
•	•	•	•
•	•	•	•
•	•	•	•

3) Qu'est-ce qui aide à comprendre la règle du jeu ?

4) Quels temps sont employés dans la règle du jeu ?

5) Quels sont les mots que l'on retrouve souvent ?

La règle du jeu

PRÉSENTATION	
Il y a un titre.	
Il y a des sous-titres, des paragraphes.	
Il y a des tirets, des numéros, des points...	
Il y a une illustration (facultatif).	
CONTENU	
Le nombre de joueurs est indiqué	
Le matériel est indiqué	
Le déroulement du jeu est expliqué	
Le but du jeu est indiqué	
LANGUE	
On peut utiliser	
- l'infinitif,	
- le présent,	
- l'impératif,	
- la seconde personne du singulier,	
- la seconde personne du pluriel,	
- la troisième personne du singulier,	
- la troisième personne du pluriel.	

Dès 4 ans ASSOCIATIONS D'IDÉES 2 à 4 joueurs

Le gagnant est le joueur qui, le premier, a posé tous ses dominos.

Le premier joueur pose un domino.

Placer les dominos à l'envers sur la table.

Si un joueur n'a pas de domino correspondant, il pioche.
S'il tire un bon domino, il le pose, sinon il passe son tour.

COMMENT JOUER

Chaque joueur en prend 7 et les dispose devant lui.
Les dominos restants constituent la pioche.

La partie se poursuit ainsi,
chaque joueur posant un domino à droite ou à gauche en associant les sujets.

Le joueur suivant cherche dans son jeu un domino correspondant
à l'une ou l'autre image du domino déjà posé.
Il le place soit à droite, soit à gauche.

Ce jeu se compose de 28 dominos illustrés chacun de deux sujets familiers.
Il s'agit à chaque fois d'associer logiquement deux sujets et de les juxtaposer.

TYPE TEXTUEL NARRATIF

TEXTES DE L'ACTION DE L'IMAGINAIRE OU NON

QUELS ÉCRITS DANS LE CORPS SOCIAL

- contes,
- récits policiers / de science fiction,
- reportages / faits divers,
- romans / nouvelles,
- récits historiques,
- bandes dessinées,
- histoires drôles.

PROJETS D'ÉCRITURE DANS LA CLASSE

- livre réalisé par une classe / une école sur un genre narratif particulier pour la BCD, les correspondants,
- textes publiés dans le Journal,
- livre-cassette pour la BCD, la maternelle.

LIRE

- selon le genre narratif que l'on souhaite travailler, lire de nombreuses oeuvres s'y rapportant,
- tris de textes appartenant à des types textuels différents à partir d'un même thème pour que les élèves dégagent les critères du genre, par comparaison / opposition à d'autres,
- tris de textes opposant le type textuel narratif à un autre type textuel précis afin d'affiner les critères de différenciation,
- tris d'ouvrages à la BCD :
    - selon leur appartenance aux différents types textuels,
    - à l'intérieur du type textuel narratif, selon leur appartenance à tel ou tel genre,
- réalisation d'une exposition de livres sur un genre précis :
    - le conte à l'école,
    - choisir au contraire un thème qui permettra de recourir à des ouvrages appartenant aux différents types textuels comme "l'ours", "le chat"...

CONSTRUIRE DES APPRENTISSAGES

- reconstitutions de textes (débuts et fins de récits, épisodes significatifs),
- textes puzzles à remettre en ordre,
- étude de la structure quinaire du récit : exposition, complication, action, résolution, conclusion,
- réécriture de textes en changeant de point de vue ("le Petit Chapcron Rouge" raconté par le loup),
- les temps du récit (passé simple / imparfait) par opposition aux temps du discours (passé composé / imparfait),
- mise en évidence des passages narratifs par opposition aux passages descriptifs,
- la progression thématique du récit,
- les anaphores et les procédés de reprise,
- les marqueurs de temps et de lieu dans le récit avec classement grammatical :
  - . groupe du nom,
  - . groupe du nom prépositionnel,
  - . pronoms personnels,
  - . adverbes,
  - . propositions subordonnées,
- les connecteurs dans le récit,
- recherches lexicales.

MISE EN PAGE

- titre,
- chapitres,
- paragraphes,
- ponctuation,
- couverture / quatrième de couverture.

TYPE TEXTUEL NARRATIF

PROJET D'ÉCRITURE :

Écrire un conte.

Tri de textes : SÉQUENCE 1

Compétence visée :

différencier le conte des autres types d'écrits.

Matériel :

série de textes (documents 1.1 et 1.2),
papier,
affiche.

Démarche :

Recherche individuelle :

Chaque élève reçoit une photocopie du document.
La consigne est de retrouver les contes parmi les autres textes.

Mise en commun :

Comparaison des productions individuelles.
Définition du conte, texte qui raconte quelque chose d'imaginaire.

Tri de contes : SÉQUENCE 2

Compétence visée :

différencier les différents types de contes.

Matériel :

2 types de contes (documents 2.1 à 2.4) :
- d'action,
- des origines.

Démarche :

Travail par petits groupes :

La consigne est de trier les contes en 2 catégories et d'expliquer les critères de choix.

Mise en commun :

Affichage des classements des groupes et confrontation,

Définition du conte d'action et du conte des origines où les phénomènes naturels sont exprimés de façon poétique.

Analyse d'un conte : SÉQUENCE 3

Compétence visée :

analyser un conte connu pour en comprendre le fonctionnement.

Matériel :

2 contes d'action connus (documents 2.2 et 2.4),

tableau (document 3).

Démarche :

La classe est divisée en 2 groupes qui reçoivent chacun un conte différent.

Lecture individuelle.

Analyse en petits groupes de 3 à l'aide du tableau (document 3).

Mise en commun.

Fabrication de cartes qui serviront à la rédaction de nos contes :

Par groupes de 3, les élèves choisissent un héros, un(e) aide, un(e) adversaire, un lieu, une mission pour le héros.

Séquence décrochée de lecture puzzle : SÉQUENCE 4

Compétences visées :

reconstituer des contes d'action en s'appuyant sur des indices sémantiques,

retrouver la structure du conte.

Matériel :

contes découpés en puzzles (document 4 pour exemple).

Démarche :

Un conte différent est prévu pour 5 élèves de manière à motiver la lecture à haute voix.

Lecture individuelle.

Reconstitution du conte :

La consigne est de reconstituer le conte en associant à chacune des étiquettes-titres la partie correspondante. Le travail se fait en petits groupes.

Lecture à cinq "voix" du conte reconstitué, chacun lisant une partie.

Synthèse :

Les contes sont souvent organisés en cinq parties :

- **situation initiale,**
- **complication,**
- **action,**
- **résolution,**
- **conclusion.**

Ecriture : SÉQUENCE 5

Compétence visée :

compléter la partie manquante d'un conte en tenant compte des informations préalables et des savoirs acquis quant à la structure du conte.

Matériel :

conte avec une partie manquante, différente pour les cinq groupes (documents 5.1 à 5.5).

Démarche :

La classe est répartie en 5 groupes.

Chaque groupe reçoit une reproduction du conte, amputé de l'une des cinq catégories du récit, qu'il s'agit de compléter.

Le travail est individuel ou par groupes de 2.

Mise en commun :

Lecture des contes obtenus par les cinq groupes et comparaison avec le texte source.

Ecriture d'un conte : SÉQUENCE 6

Compétence visée :

produire un conte.

Matériel :

feuille classeur,

cartes fabriquées par la classe (séquence 3).

Démarche :

Tirage au sort des "ingrédients" du conte : héros, aide, adversaire, lieu, quête.

Ecriture individuelle.

Lecture par petits groupes des contes terminés et remarques des camarades.

Correction par le maître afin d'analyser les dysfonctionnements textuels, sémantiques, linguistiques.

Séquence décrochée de grammaire : SÉQUENCE 7

Compétence visée :

analyser l'utilisation de l'imparfait et du passé simple dans le récit.

Matériel :

séquences narratives et descriptives extraites des "Misérables" de Hugo (documents 6.1 et 6.2),

tableau.

Démarche :

Recherche par deux :

Les élèves travaillent par deux. Une moitié de la classe reçoit un texte narratif, l'autre un texte descriptif.

La consigne est de remettre en ordre le texte proposé en justifiant ses choix et de noter les temps employés.

Mise en commun :

Le maître relève systématiquement au tableau les classements établis tant sur le texte narratif que descriptif.

On remarque que dans le premier cas il y a un ordre logique alors que dans le second cas on ne peut valider un classement plus qu'un autre.

Conclusion :

Le texte narratif est écrit au passé simple. Il appelle une progression logique. Ce sera le temps de l'action dans les contes.

Le texte descriptif est écrit à l'imparfait. Il n'y a pas de progression logique.

Les passages descriptifs seront à l'imparfait dans nos contes.

Séquence décrochée de grammaire : SÉQUENCE 8

Compétence visée :

repérer les différents procédés utilisés pour nommer un personnage.

Matériel :

texte support : la chèvre de Monsieur Seguin (document 7),

texte à compléter (document 8).

Démarche :

Lecture silencieuse du texte.

Recherche par deux :

La consigne est de surligner de deux couleurs différentes, toutes les manières de nommer dans le texte la chèvre et le loup.

Recensement au tableau.

Classement grammatical :

On recense les groupes du nom, les groupes du nom prépositionnels, les pronoms, les noms propres.

Conclusion :

On peut donc utiliser de nombreux procédés pour nommer un personnage : son nom, un pronom, un groupe du nom qui nous donne à voir son caractère (le monstre, la gourmande...).

Application (travail individuel) :

La consigne est de compléter le texte (document 8) en utilisant pour chacun des 3 personnages un procédé de reprise adéquat. Le personnage est nommé à sa première apparition, puis désigné par un symbole.

Elaboration de la grille d'aide à l'écriture : SÉQUENCE 9

Compétences visées :

utiliser un métalangage adapté,

synthétiser les savoirs acquis.

Matériel :

une affiche par groupe.

Démarche :

Recherche :

Le travail s'effectue en petits groupes. Chaque groupe sera chargé d'une rubrique spécifique qu'il devra compléter :

- déroulement du conte,
- personnages,
- langue,
- présentation.

Mise en commun et élaboration de la grille finale (comme suit) :

DÉROULEMENT Situation initiale, Complication, Action(s), Résolution, Conclusion.	**LANGUE** Imparfait (description), Passé simple (action), Autres temps (dialogues), Procédés de désignation des personnages variés et adéquats, Orthographe : sujets, verbes, noms, adjectifs.
PERSONNAGES Héros, Aide, Adversaire.	**PRÉSENTATION** Ponctuation correcte, Titre mis en évidence, Un paragraphe pour chaque phase du déroulement.

Réécriture du premier jet : SÉQUENCE 10

Compétence visée :

réinvestir les savoirs acquis dans la production.

Matériel :

premiers jets,
grille d'aide à l'écriture,
outils de grammaire.

Démarche :

Écriture :

Le travail est individuel.

La consigne est de réécrire son texte en s'aidant des outils fabriqués.

Lecture des productions en petits groupes.

Élection par groupes d'un conte qui figurera dans le journal de l'école.

Le paradis terrestre

Il était une fois un prince très riche, qui aimait les livres et les voyages, et qui voguait toujours par le monde au lieu de vivre tranquille et heureux dans son magnifique château.

Il lui restait encore un endroit à voir : "Le paradis terrestre", d'où Dieu a chassé Adam et Eve. Mais il ne connaissait pas la route qui y menait.

Un jour, en se promenant dans un forêt, il arriva devant une énorme caverne...

La boîte magique

Il était une fois un magicien appelé Ramequini qui vivait dans un vieux château. Pour y aller, il fallait traverser neuf forêts et franchir neuf rivières. Il n'y avait pas âme qui vive à des centaines de kilomètres à la ronde. De toute façon, Ramequini était un homme solitaire qui n'aimait pas la compagnie. Il ne faisait jamais ses courses car il possédait une boîte magique qui pouvait lui donner tout ce qu'il voulait.

Mais, un jour, la boîte se mit à faire des caprices : quand Ramequini lui demandait du pain et du beurre, elle lui fournissait du caviar et du whisky ; lorsqu'il lui demanda un cheval blanc pour l'emmener en voyage, il vit apparaître une tortue moins rapide qu'une limace...

in "Un conte pour chaque jour"

(Gründ)

Une fée

Ah ! c'est une fée
Toute jeune encore,
Ah ! c'est une fée
De lune coiffée.

A sa robe verte,
Un papillon d'or,
A sa robe verte
A peine entr'ouverte.

Elle va légère,
Au son du hautbois,
Elle va légère,
Comme une bergère.

Elle suit la ronde
Des dames du bois ;
Elle suit la ronde
Qui va par le monde.

Gabriel Vicaire

Pourquoi la mer est salée

Il y a longtemps, bien longtemps, un gentil garçon, Yannick, rencontra, au fond d'une forêt, un vieux magicien...

"Comme tu es un bon garçon, dit le magicien, je veux que tu sois heureux. Tiens ! prends ce petit moulin : c'est un moulin merveilleux qui fera tout ce que tu voudras. Tu n'auras qu'à dire : "Petit moulin, mouds-moi cela, et mouds le vitement" ; le moulin moudra la chose, jusqu'à ce que tu l'arrêtes en disant : "Bara-latata-baliba"...

Sur ces mots, le magicien disparut, et Yannick revint chez lui. Yannick habitait une vieille hutte car il était pauvre.

Objectif Vénus

La navette spatiale américaine Atlantis, avec à son bord cinq hommes d'équipage et la sonde vénusienne Magellan, a décollé, hier à 14 h 47 (20 h 47 heure de Paris) de Cap Canaveral (Floride).

Retardée par un temps couvert persistant, la navette a décollé à moins de cinq minutes de la fin de la fenêtre de tir.

La sonde Magellan doit atteindre Vénus dans quinze mois après un périple autour du Soleil.

Journal Sud-Ouest

L'enfant du désert

Hassan est un Targui. Sa vie s'écoule dans le désert où sa famille forme l'une de ces tribus de nomades que l'on nomme des Touaregs. Les seuls paysages que connaît Hassan sont ceux de l'immensité des sables brûlés par le soleil où, de loin en loin, se trouvent les points d'eau aux arbustes rares.

Les Touaregs nomades ne restent jamais longtemps au même endroit. Ils parcourent le désert en caravanes. Leurs compagnons sont les chameaux. Sans ces animaux, seuls capables de marcher longtemps dans le sable brûlant où les pieds enfoncent, ils ne pourraient pas vivre.

C'est sur le dos des chameaux que les Touaregs chargent les tentes, les objets usuels, les vêtements et leur bien le plus précieux : l'eau.

Dominique DARBOIS

LA TAUPE ET LA SAUTERELLE

Effectif : 2 joueurs ;

Matériel : 2 foulards.

Formation : Dans un cercle formé par les enfants debout ou assis, deux joueurs se tiennent face à face à une distance de 2 m environ.

L'un est la taupe aveugle : un foulard lui voile les yeux ; l'autre est la sauterelle : un foulard est noué autour de ses chevilles.

Jeu : la taupe doit attraper la sauterelle qui se sauve en sautant à pieds joints tout en frappant dans ses mains. Pour se guider, la taupe écoute le bruit des sauts et des battements de mains. Il faut donc que les spectateurs demeurent silencieux. La sauterelle qui voit la taupe arriver peut s'immobiliser, s'accroupir, s'allonger, ramper, rouler. Lorsqu'elle est touchée il faut changer les deux joueurs.

Rouget et Bleuet

Dans un jardin, il y avait une maison habitée par un homme et une femme et leur petite fille, Vicky. C'était une enfant adorable ; elle n'avait qu'un seul défaut : elle ne dormait pas la nuit.

- Quelqu'un a dû lui jeter un sort, disait sa maman. Et elle ne se trompait pas de beaucoup. Sous la fenêtre de la chambre de Vicky, il y avait deux nains de plâtre. L'un était très gentil tandis que l'autre était un coquin qui ne pensait qu'à jouer de mauvais tours. Ainsi, il avait trouvé cela très amusant d'empêcher la petite Vicky de dormir la nuit. C'était désolant, car durant toute la journée, Vicky était à moitié endormie et bâillait sans cesse, et le soir, elle avait les yeux grands ouverts et ne pouvait absolument pas dormir.

in "La croisée des mots" CE2 (Istra)

Il était une fois... Le serpent arc-en-ciel

C'était lors d'une vague de chaleur d'une gravité exceptionnelle. On étouffait littéralement. L'air chaud vibrait sur la prairie roussie, les lacs et rivières étaient à sec, les sources taries[1]. Bêtes et gens cherchaient un abri précaire[2] à l'ombre des maigres feuillages. Les habitants d'un coin particulièrement touché se lamentaient :

1. à sec
2. incertain

"Hélas, nous en périrons tous !"

"Les troupeaux nous quittent. Ils vont à la recherche de l'eau !"

"Les poissons sont partis avec la dernière eau de nos rivières."

"Les roses elles-mêmes ne nous laisseront pas une graine à croquer. Elles se fanent toutes avant même de s'épanouir."

Ces lamentations émurent un petit serpent à écailles. Ce n'était pas un serpent ordinaire. Sortant de sa cachette, il s'adressa d'une voix humaine à ces gens désolés, et ils en furent assez surpris. Le serpent leur dit tout de go[3]:

3. sans préparation, sans introduction

"J'ai de grands pouvoirs magiques, et j'ai décidé de vous venir en aide. Tout ce que vous aurez à faire, c'est de me jeter dans le ciel."

"Mais tu vas retomber et te briser l'échine[4]", répondit le sorcier du village. Il était considéré comme le plus grand magicien de la région, et le serpent ne lui inspirait aucune confiance. Puis, il craignait la concurrence !

4. colonne vertébrale

"Je ne vais rien me briser du tout", repartit le serpent. "Je m'accrocherai au ciel avec mes écailles, et en même temps j'y gratterai un peu de pluie et de neige à votre intention. La prairie, là-haut, est en glace bleue".

Le sorcier n'abandonnait pas son opposition : "Mais tu es bien trop petit", protestait-il encore.

"Qu'à cela ne tienne ! Je peux ramper d'un bout à l'autre de l'horizon. Allez-y, lancez-moi de toutes vos forces, aussi haut que vous le pourrez !"

Le sorcier ne souffla plus mot, mais saisissant le serpent qui s'était lové[5], il le lança rageusement vers le ciel, de toutes ses forces, comme pour s'en débarrasser à jamais.

5. enroulé sur lui-même

Dans son envol, le serpent se déroula. Il devenait de plus en plus long, il s'étira tellement qu'à la fin sa tête et sa queue touchaient à la terre, de chaque côté de l'horizon, tandis que son épine dorsale[6] s'incurvait[7] en suivant la voûte céleste. Il se trémoussait un peu pour gratter la glace du ciel avec ses écailles.

6. ses vertèbres
7. prenait une forme courbe

Comme il grattait tant et plus, son corps se mit à changer de couleur, passant du rouge au jaune, au vert, au bleu, au violet. La glace du ciel commença à fondre, et les gouttes de pluie tombèrent sur la terre, en ondée bienfaisante.

Tout renaissait. L'eau revenait dans les rivières, les sources chantaient, les animaux revenaient vers le sol natal, les roses s'épanouissaient. Et les Indiens ?

Dans leur joie, les Indiens levèrent le visage vers le ciel. Ils laissaient la pluie arroser leur corps et leur redonner la vitalité. Et, sous la douche céleste, ils se mirent à danser en l'honneur du serpent qui, depuis ce jour-là, continue à incurver son corps élastique, tel un ruban coloré, chaque fois qu'il pleut, un jour de soleil.

Contes des Indiens d'Amérique.

Le petit Chaperon Rouge

Il était une fois une petite fille que tout le monde aimait bien, surtout sa grand-mère. Elle ne savait qu'entreprendre pour lui faire plaisir. Un jour, elle lui offrit un petit bonnet de velours rouge, qui lui allait si bien qu'elle ne voulut plus en porter d'autre. Du coup, on l'appela "Chaperon Rouge".

Un jour, sa mère lui dit : "Viens voir, Chaperon Rouge : voici un morceau de gâteau et une bouteille de vin. Porte-les à ta grand-mère ; elle est malade et faible ; elle s'en délectera[1] ; fais vite, avant qu'il ne fasse trop chaud. Et quand tu seras en chemin, sois bien sage et ne t'écarte pas de ta route, sinon tu casserais la bouteille et ta grand-mère n'aurait plus rien. Et quand tu arriveras chez elle, n'oublie pas de dire bonjour et ne va pas fureter dans tous les coins".

"Je ferai tout comme il faut", dit le petit Chaperon Rouge à sa mère. La fillette lui dit au revoir. La grand-mère habitait loin, au milieu de la forêt, à une demi-heure du village. Lorsque le petit Chaperon Rouge arriva dans le bois, il rencontra le Loup. Mais il ne savait pas que c'était une vilaine bête et ne le craignait point. "Bonjour, Chaperon Rouge", dit le Loup. "Bien merci, Loup", dit le Chaperon Rouge.

- Où donc vas-tu si tôt, Chaperon Rouge ?
- Chez ma grand-mère.
- Que portes-tu dans ton panier ?
- Du gâteau et du vin. Hier nous avons fait de la pâtisserie, et ça fera du bien à ma grand-mère. Ça la fortifiera.
- Où habite donc ta grand-mère, Chaperon rouge ?
- Oh ! à un bon quart d'heure d'ici, dans la forêt. Sa maison se trouve sous les trois gros chênes. En dessous, il y a une haie de noisetiers, tu sais bien ? dit le petit Chaperon Rouge. Le Loup se dit : *Voilà un mets bien jeune et bien tendre, un vrai régal ! Il sera encore bien meilleur que la vieille. Il faut que je m'y prenne adroitement pour les attraper toutes les deux !*

Il l'accompagna un bout de chemin et dit : "Chaperon Rouge, vois ces belles fleurs autour de nous. Pourquoi ne les regardes-tu pas ? J'ai l'impression que tu n'écoutes même pas comme les oiseaux chantent joliment. Tu marches comme si tu allais à l'école, alors que tout est si beau, ici, dans la forêt !"

Le petit Chaperon Rouge ouvrit les yeux et lorsqu'elle vit comment les rayons du soleil dansaient de-ci, de-là à travers les arbres, et combien tout était plein de fleurs, elle pensa : *Si j'apportais à ma grand-mère un beau bouquet de fleurs, ça lui ferait bien plaisir. Il est encore si tôt que j'arriverai bien à l'heure.*

Elle quitta le chemin, pénétra dans le bois et cueillit des fleurs. Et, chaque fois qu'elle en avait cueilli une, elle se disait : Plus loin, j'en vois une plus belle ; et elle y allait et s'enfonçait toujours plus profondément dans la forêt. Le Loup, lui, courait tout droit vers la maison de la grand-mère. Il frappa à la porte.

- Qui est là ?
- C'est le petit Chaperon Rouge qui t'apporte du gâteau et du vin.
- Tire la chevillette, dit la grand-mère. Je suis trop faible et ne peux me lever.

Le Loup tire la chevillette, la porte s'ouvre, et sans dire un mot, il s'approche du lit de la grand-mère et l'avale.

Il enfile ses habits, met sa coiffe, se couche dans son lit et tire les rideaux.

Pendant ce temps, le petit Chaperon Rouge avait fait la chasse aux fleurs. Lorsque la fillette en eut tant qu'elle pouvait à peine les porter, elle se souvint soudain de sa grand-mère et reprit la route pour se rendre auprès d'elle. Elle fut très étonnée de voir la porte ouverte. Et lorsqu'elle entra dans la chambre, cela lui sembla si curieux qu'elle se dit : *Mon Dieu, comme je suis craintive aujourd'hui. Et, cependant, d'habitude, je suis si contente d'être auprès de ma grand-mère !* Elle s'écria : "Bonjour !" Mais nulle réponse. Elle s'approcha du lit et tira les rideaux. La grand-mère y était couchée, sa coiffe tirée très bas sur son visage. Elle avait l'air bizarre.

- Oh, grand-mère, comme tu as de grandes oreilles !
- C'est pour mieux t'entendre !
- Oh ! grand-mère, comme tu as de grands yeux !
- C'est pour mieux te voir !
- Oh ! grand-mère, comme tu as de grandes mains !
- C'est pour mieux t'étreindre...
- Mais, grand-mère, comme tu as une horrible et grande bouche !
- C'est pour mieux te manger !

A peine le Loup eut-il prononcé ces mots, qu'il bondit hors du lit et avala le pauvre petit Chaperon Rouge.

Lorsque le Loup eut apaisé sa faim, il se recoucha, s'endormit et commença à ronfler bruyamment. Un chasseur passait justement devant la maison. Il se dit : *Comme cette vieille femme ronfle ! Il faut je voie si elle a besoin de quelque chose.* Il entre dans la chambre et quand il arrive devant le lit, il voit que c'est un Loup qui y est couché.

- Ah ! c'est toi, bandit ! dit-il. Voilà bien longtemps que je te cherche...

Il se prépare à faire feu lorsque tout à coup l'idée lui vient que le Loup pourrait bien avoir avalé la grand-mère et qu'il serait peut-être encore possible de la sauver. Il ne tire pas, mais prend des ciseaux et commence à ouvrir le ventre du Loup endormi. A peine avait-il donné quelques coups de ciseaux qu'il aperçoit le Chaperon Rouge. Quelques coups encore et la voilà qui sort du Loup et dit : "Ah ! comme j'ai eu peur ! Comme il faisait sombre dans le ventre du Loup !" Et voilà que la grand-mère sort à son tour, pouvant à peine respirer. Le petit Chaperon Rouge se hâte de chercher de grosses pierres. Ils en remplissent le ventre du Loup. Lorsque celui-ci se réveilla, il voulut s'enfuir. Mais les pierres étaient si lourdes qu'il s'écrasa par terre et mourut.

Ils étaient bien contents tous les trois : le chasseur dépouilla le Loup et l'emporta chez lui. La grand-mère mangea le gâteau et but le vin que le petit Chaperon Rouge avait apportés. Elle s'en trouva toute ragaillardie. Le petit Chaperon Rouge cependant pensait : *Je ne quitterai plus jamais mon chemin pour aller me promener dans la forêt, quand ma maman me l'aura interdit.*

Contes de Grimm, Traduction Pierre Durand, Éd. Gründ.
in "le fil d'Ariane ou le plaisir des contes CM"

1. se régalera

La Vierge de la lune et la Vierge du soleil

C'était il y a longtemps, bien longtemps, si longtemps que nulle mémoire sans doute ne s'en souvient. La lune et le soleil alors ne brillaient pas si haut dans le ciel mais vivaient plus bas, tout près de la terre. Et personne ne sait plus aujourd'hui que la lune et le soleil étaient deux ravissantes jeunes filles dont on aurait difficilement pu dire laquelle l'emportait en beauté sur l'autre. Il suffisait alors de lever les yeux pour pouvoir contempler à loisir les vierges célestes. Quant aux enfants, il ne se passait de jour qu'ils ne trouvassent une échelle pour aller rejoindre les deux jeunes filles dans le ciel.

Le ciel enfin ! Que vous en dire ? Tout y était si beau qu'aucun mortel n'avait jamais vu semblable merveille. Le sol était jonché de nuages moutonneux de soie blanche, des nuages bleutés servaient de rideaux et quand le soir descendait, la Vierge de la lune allumait les étoiles pour que les hommes voient clair en bas, sur la terre. Lorsque parfois le soleil et la lune descendaient sur la terre, la reine des fleurs elle-même, la belle pivoine, refermait ses fleurs, honteuse qu'elle était devant la splendeur des vierges célestes. Comment s'en étonner ? La lune et le soleil ne portaient-ils pas habits tissés de nuages blancs, diadèmes d'aurores et foulards d'arc-en-ciel scintillants !

Cependant, ni l'une ni l'autre n'en tiraient vanité, au contraire. Elles étaient charmantes et serviables. Elles soulevaient de temps en temps les rideaux bleus du ciel pour jeter un coup d'œil au-dehors et bavarder un peu avec les humains. Mais c'étaient les enfants qu'elles préféraient. D'ailleurs, tout ce petit monde ne les laissait guère en paix. Dès qu'ils le pouvaient, les enfants grimpaient se balancer dans les airs sur quelque nuage duveteux. Et la lune leur cueillait souvent des bouquets d'étoiles pour les éclairer sur le chemin du retour.

Mais rien n'est éternel en ce monde. Un jour parut sur la terre un homme méchant à l'âme plus noire que la nuit la plus noire et voilà que cet homme se hissa un beau matin dans le ciel, y déchira les tentures, piétina les tapis blancs. Savez-vous même ce qu'il osa faire encore, cet effronté ? Il vola à la lune son plus beau foulard d'arc-en-ciel !

La colère des deux jeunes filles fut terrible ! Le soir même, elles allèrent s'installer très haut dans le ciel.

Le lendemain à leur réveil, les enfants levèrent les yeux au ciel. Mais... où sont donc passées nos amies célestes ? Alors ils se mirent à crier très fort, pleurant et appelant sans relâche.

La lune eut pitié de ses enfants chéris et elle descendit pour jouer avec eux. Mais soudain le méchant homme surgit et attrapa la lune. Et rien à faire pour la lâcher. C'était le comble de l'audace ! Dès que le soleil aperçut la scène, il sortit ses aiguilles de sa tête et commença à piquer et à transpercer les yeux du misérable qui lâcha enfin prise.

Mais jamais plus depuis ce jour la Vierge du soleil ne rentra ses aiguilles et malheur à qui ose la regarder droit dans les yeux, elle pique et transperce impitoyablement. Quant à la lune, elle ne peut oublier le monde et surtout ses enfants bien-aimés. Aussi, à la nuit tombée, elle se glisse doucement dans le ciel, regarde par les fenêtres des maisons et caresse de ses rayons un peu froids les cheveux des enfants endormis.

Contes chinois, Ed. Gründ.
in "le fil d'Ariane ou le plaisir des contes CM"

La Belle au Bois Dormant

Il y avait autrefois un roi et une reine qui disaient chaque jour : "Ah, que ne pouvons-nous avoir un enfant !" et jamais il ne leur en venait. Or, un jour que la reine était au bain, une grenouille sortit de l'eau, vint à terre et lui dit : "Ton souhait va être exaucé, avant qu'un an ne soit écoulé tu mettras une fille au monde." Ce que la grenouille avait dit s'accomplit et la reine eut une fille si jolie que le roi ne put se tenir de joie et donna une grande fête. Il n'y invita pas seulement ses parents, amis et connaissances, mais aussi les sages-femmes, afin qu'elles fussent propices et favorables à son enfant. Il y en avait treize dans tout le royaume, mais comme il ne possédait que douze assiettes d'or dans lesquelles les faire manger, il y en eut une qui dut rester chez elle. La fête fut célébrée en grande pompe et quand elle fut finie, les sages-femmes firent à l'enfant leurs dons merveilleux : l'une lui donna la vertu, l'autre la beauté, et la troisième la richesse et il en fut ainsi de tout ce que l'on peut désirer en ce monde. Onze d'entre elles venaient de prononcer leurs formules magiques quand la treizième entra soudain. Elle voulait se venger de n'être pas invitée, et sans un salut ou même un regard pour personne, elle s'écria à haute voix : "Dans sa quinzième année, la princesse se piquera avec un fuseau[1] et tombera morte". Puis sans dire un mot de plus, elle fit demi-tour et quitta la salle. Tous étaient effrayés, alors la douzième qui avait encore un vœu à faire, s'avança, et comme elle ne pouvait pas annuler le mauvais sort, mais seulement l'adoucir, elle dit : "Ce n'est pas dans la mort que la princesse tombera, mais dans un profond sommeil de cent ans".

Le roi, qui aurait bien voulu préserver son enfant chérie du malheur, fit publier de brûler les fuseaux de tout le royaume. Cependant, les dons des sages-femmes s'accomplissaient, car la fillette était si belle, modeste, aimable et intelligente que tous ceux qui la voyaient ne pouvaient s'empêcher de l'aimer. Or, il advint, juste le jour de ses quinze ans, que le roi et la reine s'absentèrent et que la jeune fille resta seule au château. Alors elle se promena partout, visita salles et chambres à son gré, et finit par arriver ainsi devant un vieux donjon. Elle gravit l'étroit escalier en colimaçon et se trouva devant une petite porte. Il y avait une clé rouillée dans la serrure, et comme elle tournait, la porte s'ouvrit, et voici que dans un petit galetas[2] une vieille femme était assise, qui filait activement son lin avec son fuseau. "Bonjour, petite mère, dit la fille du roi, que fais-tu là ? - Je file, dit la vieille en hochant la tête. - Qu'est-ce donc que cette chose qui sautille si joyeusement ?" dit la jeune fille. Elle prit le fuseau et voulut filer à son tour. Mais à peine y eut-elle touché que la sentence[3] magique s'accomplit et qu'elle se piqua le doigt.

Or, à l'instant où elle sentit la piqûre, elle tomba sur le lit qui se trouvait là, et resta plongée dans un profond sommeil. Et ce sommeil se propagea à tout le château. Le roi et la reine, qui revenaient justement et entraient dans la salle, commencèrent à s'endormir et toute leur suite avec eux. Alors les chevaux s'endormirent aussi dans l'écurie, le chiens dans la cour, les pigeons sur le toit, les mouches sur le mur, le feu lui-même, qui flambait dans l'âtre, se tut et s'endormit, le rôti cessa de rissoler et le cuisinier, qui s'apprêtait à tirer le marmiton par les cheveux parce qu'il avait commis une bévue[4], le lâcha et dormit. Et le vent tomba, et sur les arbres, devant le château, pas une petite feuille ne continua à bouger. Or, tout autour du château, une haie d'épines commença à pousser, qui grandit d'année en année et finalement entoura tout le château et s'éleva même plus haut que lui, si bien qu'on ne pouvait plus rien en voir, pas même la girouette sur le toit. Cependant, la légende de la Belle au Bois Dormant se répandait dans le pays, car c'est ainsi qu'on appelait la princesse, si bien que de temps en temps il venait des fils de roi qui tentaient de pénétrer dans le château à travers la haie.

La Belle au Bois Dormant (Suite)

Mais ils ne le pouvaient pas, car les épines se tenaient aussi solidement que si elles avaient eu des mains, et les jeunes gens y restaient pris sans pouvoir se dégager et périssaient d'une mort lamentable. Au bout de longues, longues années, un prince passa de nouveau par le pays et il entendit un vieillard raconter que derrière la haie d'épines, il y avait un château où une princesse d'une beauté merveilleuse, nommée la Belle au Bois Dormant, dormait depuis déjà cent ans, et qu'avec elle dormaient le roi, la reine et toute la cour. Il tenait aussi de son grand-père que beaucoup de fils de rois étaient déjà venus pour essayer de passer à travers la haie, mais qu'ils y étaient restés accrochés et avaient péri d'une triste mort. Alors le jeune homme dit : "Je n'ai pas peur, je veux y aller et voir la Belle au Bois Dormant". Le bon vieux eut beau le lui déconseiller, il ne voulut rien entendre.

Or, les cent ans étaient justement écoulés et le jour était venu où la Belle devait se réveiller. Et quand le prince s'approcha de la haie d'épines, il ne trouva rien que de belles et grandes fleurs qui s'ouvrirent d'elles-mêmes, le laissèrent passer sans dommage et se refermèrent en formant une haie derrière lui. Dans la cour du château, les chevaux et les chiens de chasse tachetés étaient couchés et dormaient, les pigeons perchés sur le toit avaient caché leur petite tête sous leur aile. Et quand il entra dans la maison, les mouches dormaient sur les murs, dans la cuisine le maître queux[5] faisait toujours le geste d'empoigner le marmiton, et la servante était encore assise devant la poule noire qu'elle s'apprêtait à plumer, et dans la grande salle, il vit toute la cour couchée et dormant, et en haut, le roi et la reine étendus près du trône. Alors il alla encore plus loin et tout était tellement silencieux qu'on pouvait s'entendre respirer, et enfin il arriva au donjon et ouvrit la porte du petit galetas où la Belle était endormie. Elle était là, si jolie qu'il ne pouvait détacher d'elle ses regards, et se baissant il lui donna un baiser. A peine l'eut-il effleurée de son baiser que la Belle au Bois Dormant ouvrit les yeux, se réveilla et le regarda d'un air tout à fait affable[6]. Alors ils descendirent ensemble et le roi se réveilla, ainsi que la reine et toute la cour, et ils se regardèrent en ouvrant de grands yeux. Et dans la cour les chevaux se levèrent et se secouèrent, les chiens de chasse sautèrent et remuèrent la queue, les pigeons du toit sortirent leur tête de dessous leur aile, regardèrent autour d'eux et prirent leur vol vers les champs. Les mouches continuèrent à marcher sur les murs, le feu dans la cuisine reprit, flamba et fit cuire le repas.

Le rôti se mit à rissoler : et le cuisinier donna au marmiton une gifle qui le fit crier, et la servante finit de plumer le poulet. Alors les noces du prince avec la Belle furent célébrées en grande pompe et ils vécurent heureux jusqu'à la fin de leurs jours.

Contes de Grimm,
Traduction Marthe Robert, Coll. Folio,
Éditions Gallimard.
in "le fil d'Ariane ou le plaisir des contes CM"

1. Un fuseau : petit instrument en bois tourné, renflé au milieu et se terminant en pointe aux deux extrémités, qui sert à tordre et à enrouler le fil, lorsqu'on file la quenouille.
2. Un galetas : logement misérable sous les combles.
3. La sentence : la condamnation.
4. Commettre une bévue : faire une bêtise.
5. Le maître queux : le chef cuisinier.
6. Affable : aimable, bienveillant.

document 3

TABLEAU D'ANALYSE

Le lieu	Le héros	L'aide / les aides	L'adversaire / les adversaires	La situation de départ	L'élément perturbateur	Les actions / les épreuves	Le nouvel équilibre
	nom	nom	nom	Où le héros vit-il ?	Quel est l'élément qui va modifier la situation de départ ?	Quelles sont les différentes étapes de l'histoire ?	Qu'arrive-t-il aux adversaires ?
	qualité	qualité	qualité	Avec qui ?			Qu'arrive t-il au héros ?
				Quelle est sa situation ?			

Remets ce conte en ordre et relie à l'étiquette correspondante

Lorsqu'elle arriva à la maison, elle s'aperçut que ce n'était pas trois jours comme elle croyait mais sept ans qu'elle avait passés au coeur de la montagne des nains et ses maîtres avaient disparu entre-temps. Les nains étaient des coquins.	**(1) exposition**
Il était une fois une misérable servante qui était propre et travailleuse, qui balayait soigneusement la maison et portait les ordures en tas devant la porte.	**(2) complication**
Trois petits nains vinrent la chercher pour l'amener au coeur d'une montagne creuse où vivaient les petits hommes. Tout y était minuscule mais délicat et merveilleux. La servante tint l'enfant sur les fonts baptismaux puis voulut repartir chez ses maîtres ; mais les nains la prièrent de séjourner trois jours avec eux. Au moment de sortir, ils lui remplirent les poches d'or et la conduisirent gentiment au pied de la montagne.	**(3) action**
Il suffisait de croire en eux pour, tout simplement, vivre heureux.	**(4) résolution**
Un matin, comme elle arrivait pour se mettre au travail, elle trouva une lettre. Ne sachant pas lire, elle posa son balai et porta la missive à ses maîtres. C'était une invitation des nains qui lui demandaient si elle acceptait d'être marraine d'un de leurs enfants. Elle ne savait que répondre mais finit par se décider, les maîtres l'ayant convaincue de toutes les façons que l'on ne pouvait décliner une invitation de cet ordre.	**(5) conclusion**

1

Les trois plumes (d'après Grimm)

[...]

En vieillissant, le roi qui sentait ses forces décliner et songeait à la mort prochaine, ne savait pas auquel de ses trois fils il devrait laisser son trône. Il leur dit :

- Partez, et celui de vous trois qui saura me rapporter le plus fin tapis sera roi à ma suite. Pour éviter toute dispute et tout embarras entre les trois fils, le roi les conduisit lui-même jusqu'à la porte du château en leur disant :

- Je vais jeter trois plumes en l'air et souffler dessus, chacun de vous devra aller dans la direction que sa plume aura prise.

La première plume s'envola vers l'est, la seconde vers l'ouest, et la troisième entre les deux, ne volant pas très loin et retombant presque à leurs pieds. L'un des frères partit sur la droite, l'autre sur la gauche, et ils se moquèrent tous deux de Simplet qui devait rester où sa plume était allée, c'est-à-dire tout près. Simplet alla s'asseoir tout près de sa plume, il était bien dépité. Mais, tout à coup, il aperçut une trappe, tout à côté de sa plume. Il la souleva et découvrit un escalier dont il descendit les marches souterraines. En bas, il trouva une seconde porte et frappa. Une voix lui répondit de l'intérieur :

Mademoiselle la reinette,
Petite grenouille verte,
Fille de race grenouillère,
Grenouillante gambette,
Va vite voir qui est dehors !

Là-dessus, une grosse et grasse grenouille ouvrit la porte, entourée de toute une troupe de petites grenouilles qui sautillaient. La grosse grenouille demanda à Simplet ce qu'il cherchait.

- Je cherche le plus beau et le plus fin tapis qui se puisse trouver, dit-il.

La grosse grenouille appela une petite reinette et lui demanda d'aller chercher une boîte. La grosse et grasse grenouille l'ouvrit. Elle en sortit un fin tapis qu'elle remit à Simplet : ce tapis était si extraordinairement fin que personne n'aurait su en tisser de pareil dans le monde des humains. Simplet remercia la grenouille et remonta par la trappe. Les deux autres frères étaient bien persuadés que leur cadet, qu'ils considéraient comme un idiot complet, ne trouverait absolument rien. "A quoi bon se fatiguer ?" se dirent-ils, et ils se contentèrent d'arracher à la première petite bergère qu'ils rencontrèrent les couvertures grossièrement tissées qu'elle portait sur elle pour rentrer au château. Simplet arrivait au même moment avec son superbe tapis. Le roi n'en croyait pas ses yeux.

C'est ainsi que Simplet hérita de la couronne et qu'il régna longtemps dans la sagesse.

2

Les trois plumes (d'après Grimm)

Il était une fois un roi qui avait trois fils dont deux étaient instruits et intelligents, mais le troisième ne parlait guère, il était un peu simple d'esprit, et tout le monde l'appelait Simplet.

[...]

Simplet alla s'asseoir tout près de sa plume, il était bien dépité. Mais, tout à coup, il aperçut une trappe, tout à côté de sa plume. Il la souleva et découvrit un escalier dont il descendit les marches souterraines. En bas, il trouva une seconde porte et frappa. Une voix lui répondit de l'intérieur :

Mademoiselle la reinette,

Petite grenouille verte,

Fille de race grenouillère,

Grenouillante gambette,

Va vite voir qui est dehors !

Là-dessus, une grosse et grasse grenouille ouvrit la porte, entourée de toute une troupe de petites grenouilles qui sautillaient. La grosse grenouille demanda à Simplet ce qu'il cherchait.

- Je cherche le plus beau et le plus fin tapis qui se puisse trouver, dit-il.

La grosse grenouille appela une petite reinette et lui demanda d'aller chercher une boîte. La grosse et grasse grenouille l'ouvrit. Elle en sortit un fin tapis qu'elle remit à Simplet : ce tapis était si extraordinairement fin que personne n'aurait su en tisser de pareil dans le monde des humains. Simplet remercia la grenouille et remonta par la trappe. Les deux autres frères étaient bien persuadés que leur cadet qu'ils considéraient comme un idiot complet, ne trouverait absolument rien.

"A quoi bon se fatiguer ? " se dirent-ils, et ils se contentèrent d'arracher à la première petite bergère qu'ils rencontrèrent les couvertures grossièrement tissées qu'elle portait sur elle pour rentrer au château. Simplet arrivait au même moment avec son superbe tapis. Le roi n'en croyait pas ses yeux.

C'est ainsi que Simplet hérita de la couronne et qu'il régna longtemps dans la sagesse.

3

Les trois plumes (d'après Grimm)

Il était une fois un roi qui avait trois fils dont deux étaient instruits et intelligents, mais le troisième ne parlait guère, il était un peu simple d'esprit, et tout le monde l'appelait Simplet. En vieillissant, le roi qui sentait ses forces décliner et songeait à la mort prochaine, ne savait pas auquel de ses trois fils il devait laisser son trône. Il leur dit :

- Partez, et celui de vous trois qui saura me rapporter le plus fin tapis sera roi à ma suite.

Pour éviter toute dispute et tout embarras entre les trois fils, le roi les conduisit lui-même jusqu'à la porte du château en leur disant :

- Je vais jeter trois plumes en l'air et souffler dessus, chacun de vous devra aller dans la direction que sa plume aura prise.

La première plume s'envola vers l'est, la seconde vers l'ouest, et la troisième entre les deux, ne volant pas très loin et retombant presque à leurs pieds. L'un des frères partit sur la droite, l'autre sur la gauche, et ils se moquèrent tous deux de Simplet qui devait rester où sa plume était allée, c'est-à-dire tout près.

[...]

La grosse grenouille appela une petite reinette et lui demanda d'aller chercher une boîte. La grosse et grasse grenouille l'ouvrit. Elle en sortit un fin tapis qu'elle remit à Simplet : ce tapis était si extraordinairement fin que personne n'aurait su en tisser de pareil dans le monde des humains. Simplet remercia la grenouille et remonta par la trappe. Les deux autres frères étaient bien persuadés que leur cadet, qu'ils considéraient comme un idiot complet, ne trouverait absolument rien.

"A quoi bon se fatiguer ?" se dirent-ils, et ils se contentèrent d'arracher à la première petite bergère qu'ils rencontrèrent les couvertures grossièrement tissées qu'elle portait sur elle pour rentrer au château. Simplet arrivait au même moment avec son superbe tapis. Le roi n'en croyait pas ses yeux.

C'est ainsi que Simplet hérita de la couronne et qu'il régna longtemps dans la sagesse.

4

Les trois plumes (d'après Grimm)

Il était une fois un roi qui avait trois fils dont deux étaient instruits et intelligents, mais le troisième ne parlait guère, il était un peu simple d'esprit, et tout le monde l'appelait Simplet. En vieillissant, le roi qui sentait ses forces décliner et songeait à la mort prochaine, ne savait pas auquel de ses trois fils il devait laisser son trône. Il leur dit :

- Partez, et celui de vous trois qui saura me rapporter le plus fin tapis sera roi à ma suite.

Pour éviter toute dispute et tout embarras entre les trois fils, le roi les conduisit lui-même jusqu'à la porte du château en leur disant :

- Je vais jeter trois plumes en l'air et souffler dessus, chacun de vous devra aller dans la direction que sa plume aura prise.

La première plume s'envola vers l'est, la seconde vers l'ouest, et la troisième entre les deux, ne volant pas très loin et retombant presque à leurs pieds. L'un des frères partit sur la droite, l'autre sur la gauche, et ils se moquèrent tous deux de Simplet qui devait rester où sa plume était allée, c'est-à-dire tout près. Simplet alla s'asseoir tout près de sa plume, il était bien dépité. Mais, tout à coup, il aperçut une trappe, tout à côté de sa plume. Il la souleva et découvrit un escalier dont il descendit les marches souterraines. En bas, il trouva une seconde porte et frappa. Une voix lui répondit de l'intérieur :

Mademoiselle la reinette,

Petite grenouille verte,

Fille de race grenouillère,

Grenouillante gambette,

Va vite voir qui est dehors !

Là-dessus, une grosse et grasse grenouille ouvrit la porte, entourée de toute une troupe de petites grenouilles qui sautillaient. La grosse grenouille demanda à Simplet ce qu'il cherchait.

- Je cherche le plus beau et le plus fin tapis qui se puisse trouver, dit-il.

[...]

C'est ainsi que Simplet hérita de la couronne et qu'il régna longtemps dans la sagesse.

5

Les trois plumes (d'après Grimm)

Il était une fois un roi qui avait trois fils dont deux étaient instruits et intelligents, mais le troisième ne parlait guère, il était un peu simple d'esprit, et tout le monde l'appelait Simplet. En vieillissant, le roi qui sentait ses forces décliner et songeait à la mort prochaine, ne savait pas auquel de ses trois fils il devait laisser son trône. Il leur dit :

- Partez, et celui de vous trois qui saura me rapporter le plus fin tapis sera roi à ma suite.

Pour éviter toute dispute et tout embarras entre les trois fils, le roi les conduisit lui-même jusqu'à la porte du château en leur disant :

- Je vais jeter trois plumes en l'air et souffler dessus, chacun de vous devra aller dans la direction que sa plume aura prise.

La première plume s'envola vers l'est, la seconde vers l'ouest, et la troisième entre les deux, ne volant pas très loin et retombant presque à leurs pieds. L'un des frères partit sur la droite, l'autre sur la gauche, et ils se moquèrent tous deux de Simplet qui devait rester où sa plume était allée, c'est-à-dire tout près. Simplet alla s'asseoir tout près de sa plume, il était bien dépité. Mais tout à coup, il aperçut une trappe, tout à côté de sa plume. Il la souleva et découvrit un escalier dont il descendit les marches souterraines. En bas, il trouva une seconde porte et frappa. Une voix lui répondit de l'intérieur :

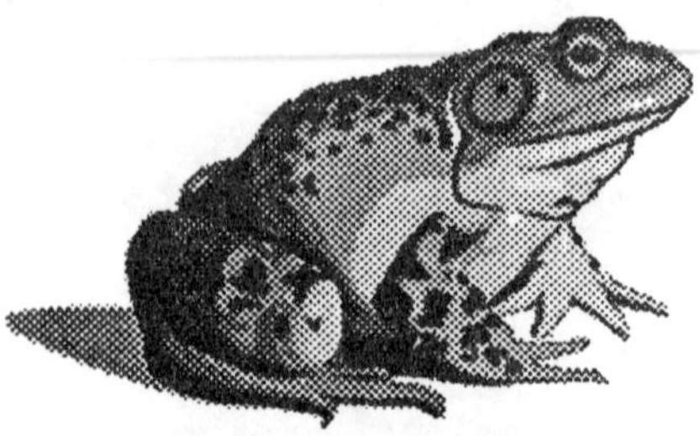

Mademoiselle la reinette,

Petite grenouille verte,

Fille de race grenouillère,

Grenouillante gambette,

Va vite voir qui est dehors !

Là-dessus, une grosse et grasse grenouille ouvrit la porte, entourée de toute une troupe de petites grenouilles qui sautillaient. La grosse grenouille demanda à Simplet ce qu'il cherchait.

- Je cherche le plus beau et le plus fin tapis qui se puisse trouver, dit-il.

La grosse grenouille appela une petite reinette et lui demanda d'aller chercher une boîte. La grosse et grasse grenouille l'ouvrit. Elle en sortit un fin tapis qu'elle remit à Simplet : ce tapis était si extraordinairement fin que personne n'aurait su en tisser de pareil dans le monde des humains. Simplet remercia la grenouille et remonta par la trappe. Les deux autres frères étaient bien persuadés que leur cadet qu'ils considéraient comme un idiot complet, ne trouverait absolument rien.

"A quoi bon se fatiguer ?" se dirent-ils, et ils se contentèrent d'arracher à la première petite bergère qu'ils rencontrèrent les couvertures grossièrement tissées qu'elle portait sur elle pour rentrer au château. Simplet arrivait au même moment avec son superbe tapis. Le roi n'en croyait pas ses yeux.

[...]

Séquence narrative extraite des "Misérables"

A
Elle chercha de la main gauche dans l'obscurité un jeune chêne incliné sur la source qui lui servait ordinairement de point d'appui, rencontra une branche, s'y suspendit, se pencha et plongea le seau dans l'eau.

B
Elle reprit le chemin de la source et se mit à courir.

C
Elle arriva ainsi à la source.

D
Elle n'arrêta sa course que lorsque la respiration lui manqua, mais elle n'interrompit point sa marche.

E
Elle retira le seau presque plein.

F
Elle sortit du village en courant, elle entra dans le bois en courant, ne regardant plus rien, n'écoutant plus rien.

G
Cosette ne prit pas le temps de respirer.

Ordre du texte (non donné aux élèves) : B, F, D, C, G, A, E.

Séquence descriptive extraite des "Misérables"

A
De tous les côtés, il y avait des étendues lugubres.

B
Les hautes herbes fourmillaient dans la bise comme des anguilles.

C
Un vent froid soufflait de la plaine.

D
De grands branchages s'y dressaient affreusement.

E
Le bois était ténébreux, sans aucun froissement de feuilles, sans aucune de ces vagues et fraîches lueurs de l'été.

F
Les ronces se tordaient comme de longs bras armés de griffes cherchant à prendre des proies ; quelques bruyères sèches, chassées par le vent, passaient rapidement et avaient l'air de s'enfuir avec épouvante devant quelque chose qui arrivait.

G
Des buissons chétifs et difformes sifflaient dans les clairières.

Ordre du texte (non donné aux élèves) : C, E, D, G, B, F, A.

La chèvre de Monsieur Seguin

M. Seguin possédait une jolie chèvre blanche qu'il avait enfermée dans un enclos et attachée à un piquet. Mais la chèvre réussit à s'enfuir dans la montagne.

La chèvre entendit derrière elle un bruit de feuilles. Elle se retourna et vit dans l'ombre deux oreilles courtes, toutes droites, avec deux yeux qui reluisaient... C'était le loup.

Énorme, immobile, assis sur son train de derrière, il était là, regardant la petite chèvre blanche et la dégustant par avance. Comme il savait bien qu'il la mangerait, le loup ne se pressait pas ; seulement, quand elle se retourna, il se mit à rire méchamment.

"Ha ! ha ! la petite chèvre de M. Seguin", et il passa sa grosse langue rouge sur ses babines d'amadou[1].

Blanquette se sentit perdue... Un moment, en se rappelant l'histoire de la vieille Renaude, qui s'était battue toute la nuit pour être mangée le matin, elle se dit qu'il vaudrait peut-être mieux se laisser manger tout de suite ; puis, s'étant ravisée, elle tomba en garde, la tête basse et la corne en avant, comme une brave chèvre de M. Seguin qu'elle était... Non pas qu'elle eût l'espoir de tuer le loup - les chèvres ne tuent pas le loup -, mais seulement pour voir si elle pourrait tenir aussi longtemps que la Renaude...

Alors le monstre s'avança, et les petites cornes entrèrent en danse.

Ah ! la brave chevrette, comme elle y allait de bon coeur ! Plus de dix fois, je ne mens pas, Gringoire, elle força le loup à reculer pour reprendre haleine.

Pendant ces trêves[2] d'une minute, la gourmande cueillait en hâte encore un brin de sa chère herbe ; puis elle retournait au combat, la bouche pleine... Cela dura toute la nuit. De temps en temps, la chèvre de M. Seguin regardait les étoiles danser dans le ciel clair et elle disait :

"Oh ! pourvu que je tienne jusqu'à l'aube..."

L'une après l'autre, les étoiles s'éteignirent. Blanquette redoubla de coups de cornes, le loup de coups de dents... Une lueur pâle parut dans l'horizon... Le chant du coq enroué monta d'une métairie[3].

"Enfin !" dit la pauvre bête, qui n'attendait plus que le jour pour mourir ; et elle s'allongea par terre dans sa belle fourrure blanche toute tachée de sang...

Alors le loup se jeta sur elle et la mangea.

1. lèvres couvertes de poils fins.
2. moments de repos
3. ferme

Le lion et le petit chien d'après Tolstoï

Consigne : chaque personnage est représenté par un symbole lors de sa première apparition. Complète le texte en utilisant des procédés de substitution adéquats.

Il y avait à Londres une ménagerie que l'on pouvait visiter soit en prenant un billet, soit en remettant au contrôle, au lieu d'argent, des chiens ou des chats qui servaient de nourriture aux animaux.

[Un pauvre homme] qui n'avait pas d'argent voulut, un jour, voir des bêtes féroces.

[ ] attrapa <u>un petit chien</u> dans la rue et___ porta à la ménagerie. On [ ] laissa entrer. Quand au ________________, on _______ [ ] prit et on___jeta dans la cage du (lion) pour qu'( ) ____________fît son repas.

______________ mit sa queue entre ses pattes et se blottit dans un coin. ( ) alla vers ______ et _______ flaira un instant. ______ s'était mis sur le dos, les pattes en l'air et agitait sa queue.

( ) ______ tâta de la patte et _______ remit d'aplomb. _____ se redressa et fit le beau.

( ) ______ suivait des yeux, portant sa tête tantôt à droite, tantôt à gauche, et ne _________ touchait pas.

Quand le gardien de la ménagerie ( ) eut lancé sa ration de viande, ( ) en déchira un morceau qu'( ) laissa pour ________________.

Vers le soir, quand ( ) se coucha pour dormir, ________________ se coucha près de ( ) et mit la tête sur sa patte.

Depuis lors, ______________ ne quitta pas la cage du ( ). ( ) ___laissait tranquille et, quelquefois, jouait avec ____ .

Un jour, un monsieur qui était venu voir la ménagerie déclara qu'il reconnaissait le petit chien, qu'il était à lui, et demanda qu'on le lui rendît. Le directeur de la ménagerie y consentit.

TYPE TEXTUEL RHÉTORIQUE

JEUX SUR LA LANGUE, LES MOTS

QUELS ÉCRITS DANS LE CORPS SOCIAL
- des poèmes,
- des chansons,
- des slogans,
- des maximes.

PROJETS D'ÉCRITURE DANS LA CLASSE
- journal de l'école,
- cassette enregistrée pour les autres classes ou envoyée aux correspondants,
- création d'un recueil pour la BCD.

LIRE
- recherche et lecture de textes variés appartenant à des auteurs de pays et d'époques différentes à partir d'un thème précis : les saisons, l'eau, le feu, les enfants...
- lecture de textes variés d'un même auteur afin de découvrir l'univers d'un poète,
- collecte de slogans dans les journaux, magazines,
- tris de textes de types différents à partir d'un même thème pour amener les élèves à s'intéresser au fonctionnement du type textuel rhétorique mieux appréhendé par une comparaison avec d'autres types de textes.

CONSTRUIRE DES APPRENTISSAGES
- reconstitutions de textes poétiques,
- visualisations de la structure de poèmes,
- travail sur les sonorités : jeux sur les mots, les rimes, les assonances, les allitérations...
- enrichissement du lexique par la recherche d'un vocabulaire plus rare appartenant au genre poétique,
- pour les slogans, étude de
  - . l'impératif, l'infinitif,
  - . les phrases affirmatives et négatives,
  - . les phrases à présentatif : c'est, voici, il y a ...

METTRE EN PAGE
- titre,
- strophe,
- vers,
- ponctuation (présence / absence),
- dispositions variées,
- jeux sur la typographie (caractères allant grossissant ou s'amenuisant).

TYPE TEXTUEL RHÉTORIQUE

PROJET D'ÉCRITURE :

Écrire un poème à la manière de ... pour le journal.

Analyse du poème : SÉQUENCE 1

Compétences visées :

donner son opinion,

analyser un texte pour en dégager la structure.

Matériel :

poème de Guillevic (document 1).

Démarche :

Lecture du texte à haute voix par le maître (texte caché).

Lecture individuelle et silencieuse.

Commentaire, discussion entre les élèves (faire exprimer le ressenti).

Analyse du texte à l'aide d'un questionnaire (travail par deux) :

- quel est le titre du poème ?
- combien y a t-il de strophes ?
- entoure le vers isolé. Quel effet produit-il ?
- mets en couleur les signes de ponctuation et les majuscules.
- quels sont les temps utilisés ?

Mise en commun et construction collective de l'ossature du poème :

TITRE

Il y a... qui ,	}	
qui...	}	
Et [sur] ...	}	respect du présent
(verbe) .	}	
(événement ponctuel)	}	
Où... ,	}	
Où .... ,	}	respect du futur

Ils / elles (verbe d'action)

Ecriture du premier jet : SÉQUENCE 2

Compétence visée :

écrire un texte qui respecte la structure mise en évidence.

Matériel :

structure du poème de Guillevic.

Démarche :

Ecriture individuelle du texte :

Pour aider les élèves à démarrer, on pourra proposer des thèmes (fleurs, oiseaux, chats...).

Première évaluation par un pair et essai d'amélioration.

A l'issue de la séquence les textes sont collectés par le maître qui pourra recenser les dysfonctionnements constatés et proposer des séquences adaptées. Les textes des élèves seront annotés individuellement, les erreurs soulignées.

Travail en groupes de besoin : SÉQUENCE 3

Compétences visées :

maîtriser les accords au sein du GN,

maîtriser les accords sujet / verbe,

maîtriser la conjugaison du présent et du futur.

Matériel :

fiches individuelles de travail (documents 2, 3, 4).

Démarche :

En fonction des difficultés constatées par le maître, les élèves sont affectés à un atelier. Le travail est d'abord individuel. Puis la confrontation est organisée à l'intérieur des groupes.

Réécriture : SÉQUENCE 4

Compétence visée :

réécrire son texte en tenant compte des remarques sur la structure et l'orthographe.

Matériel :

premiers jets vus par l'enseignant.

Démarche :

Réécriture individuelle.

Choix des textes pour le journal.

MONSTRES

Il y a des monstres qui sont très bons,
Qui s'assoient contre vous les yeux clos de tendresse
Et sur votre poignet
Posent leur patte velue.

Un soir -
Où tout sera pourpre dans l'univers,
Où les roches reprendront leurs trajectoires de folles,

Il se réveilleront.

EUGÈNE GUILLEVIC
Terraqué, Gallimard

in "Former des enfants lecteurs et producteurs de poèmes"
J.Jolibert (Hachette Education)

Maîtriser les accords au sein du groupe nominal

Rappel :

- Dans le groupe du nom, on trouve un déterminant et un nom. On peut trouver un ou des adjectif(s).

- Le groupe du nom est expansible :

  un nuage ⇨ un petit nuage gris.

  une pomme ⇨ une belle pomme rouge.

- Le groupe du nom varie en genre et en nombre :

	MASCULIN	**FÉMININ**
Singulier	le crayon bleu	la craie bleue
Pluriel	les crayons bleus	les craies bleues

Recherche :

- Dans le poème de Guillevic, remplace "Monstres" par "Monstre".
- Dans le poème de Guillevic, remplace "Monstres" par "Sorcières".
- Dans le poème de Guillevic, remplace "Monstres" par "Sirène".

Exercices individuels (sur manuel de la classe).

Maîtriser les accords sujet / verbe

Rappel :

- Le sujet donne sa loi au verbe. Si le sujet change, le verbe change aussi :

Je joue à la balle. Tu joues à la balle. Nous jouons à la balle.

- Le sujet peut être un pronom (a), un nom propre (b), un groupe du nom (c), un groupe du nom prépositionnel (d) :

Je joue à la balle. (a)

Paul joue à la balle. (b)

Mon petit frère joue à la balle. (c)

Le petit frère de ma voisine joue à la balle. (d).

- Le sujet peut être formé de plusieurs groupes.

Mon oncle, ma tante et mes cousins sont arrivés hier.

- Le sujet peut être placé après le verbe :

Où vas-tu ?

Veux-tu aller au cinéma ?

Recherche :

- Dans le poème de Guillevic, remplace "Monstres" par "Monstre", "roches" par "pierre"
- Réécris le poème en mettant les verbes à l'imparfait. Attention le dernier sera au plus que parfait !

Exercices individuels (sur manuel de la classe).

Maîtriser la conjugaison du présent et du futur

Rappel :

Formation du présent :

- Verbes en er : radical + e / es / e / ons / ez / ent,
- Verbes en ir / issons : radical + is / is / it / issons / issez / issent,
- Verbes du 3ème groupe : radical + e / es / e / ons / ez / ent (cueillir),
  + s / s / t / ons / ez / ent (partir),
  + s / s / - / ons / ez / ent (perdre),

Attention parfois le radical se transforme au cours de la conjugaison ! (tenir).

Formation du futur :

- Verbes en er : infinitif du verbe + ai / as / a / ons / ez / ont,
- Verbes en ir / issons : infinitif du verbe + ai / as / a / ons / ez / ont,
- Verbes du 3ème groupe : infinitif du verbe + ai / as / a / ons / ez / ont :
  (partir ⇨ je partirai),
  l'infinitif perd son "e" pour donner le radical du futur : (lire ⇨ je lirai),
  le radical est modifié, il faut connaître une forme pour retrouver la conjugaison : (devoir ⇨ je devrai).

Recherche :

- Etablis la conjugaison au présent et au futur des verbes avoir, être, poser, reprendre.
- Etablis la conjugaison au présent et au futur des verbes que tu as choisis dans ton poème.

Exercices écrits individuels (sur manuel).

ESSAI DE PROGRAMMATION

DES DIFFÉRENTS TYPES D'ÉCRITS À PARTIR DE LA TYPOLOGIE D'ADAM SUR LES CYCLES II ET III

	CYCLE II	CE2	CM1	CM2
Type textuel argumentatif	Affiches d'invitation à ... de promotion de ...	Lettre d'invitation	Lettre de demande	Expression d'une opinion personnelle
Type textuel descriptif	Menu Inventaire	Compte-rendu d'une visite	Guide ou dépliant pour présenter son quartier, sa ville, sa région	Séquences descriptives insérées dans des séquences narratives (portraits, paysages)
Type textuel explicatif		Ecrits à destination des plus petits	Panneaux pour une exposition : la terre, la vie des hommes préhistoriques	Traces écrites dans le cahier d'éveil
Type textuel injonctif	Recette	Règlement	Fiche technique	Règle du jeu
Type textuel narratif	Récits de vie	Conte / BD	Récit policier / de SF	Roman historique
Type textuel rhétorique	Jeux poétiques à plusieurs (Pourquoi ? Parce que / N + V + Complément)	Poèmes à la manière de ...	Créations à partir d'un thème	Fables

Achevé d'imprimer : septembre 1997
Dépôt légal : septembre 1997
Responsables de publication : A. DOLAT, A. POTISEK